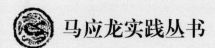

马应龙实践丛书

方针管理模式

陈平◎主编

武汉大学出版社

图书在版编目(CIP)数据

方针管理模式/陈平主编.—武汉：武汉大学出版社,2021.12
马应龙实践丛书
ISBN 978-7-307-22550-3

Ⅰ.方… Ⅱ.陈… Ⅲ.制药工业—工业企业管理—经验—中国
Ⅳ.F426.7

中国版本图书馆 CIP 数据核字(2021)第 182345 号

责任编辑:沈继侠　　　　责任校对:汪欣怡　　　　版式设计:马　佳

出版发行:**武汉大学出版社**　　(430072　武昌　珞珈山)
　　　　　(电子邮箱:cbs22@whu.edu.cn　网址:www.wdp.com.cn)
印刷:武汉市金港彩印有限公司
开本:787×1092　1/16　印张:14　字数:206 千字　插页:2
版次:2021 年 12 月第 1 版　　2021 年 12 月第 1 次印刷
ISBN 978-7-307-22550-3　　定价:76.00 元

序　言

我们靠什么赢得未来？

回顾过去的六七年，我们共同经历了空前的行业清理整顿，接受了挑战，经受了考验。在为取得骄人的业绩而欣喜、庆祝、欢呼时，我们仍要保持清醒的头脑，居安思危。成绩已成为过去，摆在我们面前的仍然是纷繁复杂的市场环境和激烈的竞争。企业两极分化明显加快，集中度提高，企业数量减少。一部分企业将通过并购整合而合并，部分企业将被淘汰退出市场。历史的责任和使命，不断地提醒我们要将拥有400多年历史的马应龙带向何方？我们靠什么赢得未来，实现基业长青，成就千年马应龙的梦想。正所谓"人无远虑、必有近忧"，"我们靠什么赢得未来"，这是我们每个人都必须考虑和回答的问题。

要回答这个问题，先从企业性质分析入手。企业从本质上讲是资源转换器，将股东投入的资源，经过员工经营活动转换成客户需要的资源，并实现价值增值。企业是对接投资者和消费者的平台，产品则是完成资源转换的载体，其转换过程是通过员工经营活动来实现的。因此从表面上看产品是企业经营的对象，而实质上是通过产品来经营投资者、消费者及员工的关系。所以企业的未来要从客户、股东和员工上下工夫、找出路。从策略上说，通过为客户创造价值而获得客户的忠诚；通过为股东创造财富而获得股东的信赖；通过为员工创造机会而获得员工的敬业。也就是说，客户忠诚、股东信赖、员工敬业是马应龙赢得未来、实现可持续发展的关键要素。我们的经营对象不是企业或产品本身，而是经营客户、股东和员工，目标则是要获得他们的忠诚、信赖和敬业。

一、如何获得客户的忠诚？

首先，从战略上重视客户资源的开发，将客户视为马应龙生存与发展的基础，经营的起点与归宿。具体地说，企业和每个员工要知道自己的客户是谁，将其视为上帝，也就是"天"。美丽的蓝天为我们提供了想象的空间任你翱翔，能够飞多高、多远就看你的本事和能耐。企业就是在不断满足客户需求的过程中实现发展、成就理想的。

其次，全面实施品牌经营战略，以客户为中心配置资源，打造市场细分中差异化优势形象，占据目标客户内心世界的有利位置，成为消费者的首要选择。在信息泛滥、商品充斥的年代，消费者很难从性能、质量上评估商品的好坏优劣，主要是依据内心的品牌地位作出消费选择。品牌已成为企业通向消费者内心世界的通道和打开客户心扉的敲门砖。品牌是企业和产品在消费者内心的综合反映，是企业竞争的焦点；我们的战场就是消费者的内心世界。企业和每一个员工要为打造和维护品牌而努力。马应龙本部要巩固治疗下消化道疾病药品全国第一的品牌地位：一是打造系列化产品结构，提供高附加值的产品、服务；二是利用品牌优势向医疗诊断领域延伸，扩大产业规模，形成竞争屏障。马应龙大药房要打造成为华中地区第一品牌，要形成产品结构优势、门店优势、经营功能优势、信誉服务优势。太极药业要成为国内妇科一线品牌，大佛药业要成为国内一线耳鼻喉科品牌。

最后，要强化客户体验和市场调研，在客户体验中提升服务质量，通过产品创新来丰富品牌内涵。品牌文化是我们赢得客户芳心的法宝，人是有感情的，"情"是我们与客户根深蒂固的关系纽带，有了感情就不再是单纯的消费者，更多的是扮演拥护者、传播者的角色。

二、如何获得股东的信赖？

首先，要强化股东权益意识。股东是"地"，没有股东的投资，企业将不存在，只有站在厚实的大地上，我们才会感到实在而有保障。

其次，要完善公司的治理结构，加强经营的透明度，明确职责职权，要让股东知道我们在干什么，干得怎么样，要按规矩做事，不能侵犯股东权益。

最后，努力为股东创造财富，实现资本增值。资本是趋利的，只要企业能赚钱，资金就会围绕在我们身边，股东也就不会离开我们。

三、如何促成员工敬业？

人是企业活动的主体，敬业是衡量员工素质的首要标准。敬业就是热爱职业、忠于岗位，有强烈的责任感、使命感。只有敬业才能全力以赴、尽心尽力、执著追求、永不放弃。员工专心于自己的工作，才能成为行家里手。要使员工敬业，需做好以下三方面工作。

首先，培养员工的职业精神，热爱职业、忠于岗位。对于职业价值及重要性要有充分的了解，如药品生产人员要知道药品直接关系到生命安全，熟练掌握岗位职责，不畏压力，切实履行职责。

其次，加强考核与引导，给予员工压力、动力和活力。当前要通过完善绩效考核来强化员工压力系统；通过强化员工激励机制，优化动力系统；通过加强选拔及淘汰来完善活力系统。杜绝小富即安、得过且过的现象发生，让员工始终保持旺盛的工作热情。

最后，建立共享机制，使员工与企业为了共同的利益而努力。积极推行骨干持股计划、企业与员工项目合作制、设立员工创业基金、增量贡献提成激励等政策措施，调动员工积极性、创造性。

追求客户忠诚、股东信赖、员工敬业的过程，就是追求天、地、人和谐统一的过程。相信只要我们始终坚持为顾客创造价值、为股东创造财富、为员工创造机会、为社会创造效益的经营宗旨，"以真修心、以勤修为"，也就是真诚实在做人、勤劳踏实做事，奉行龙马精神，将龙的远大理想与马的脚踏实地相结合，并持之以恒地追求，就一定能够赢得客户的忠诚、股东的信赖、员工的敬业，最终拥有一个美好的未来。

（本文系根据董事长陈平先生在2007年度总结表彰大会上的讲话整理成文）

前　言

　　1995 年中国宝安集团受让武汉第三制药厂（马应龙药业）国有股权，我有幸进入这家拥有 400 多年历史的老字号企业，深感责任重大、使命光荣。20 世纪 90 年代是中国经济改革、开放、转型的关键时期，市场格局被打破，老企业面临严峻的挑战，同时也为新兴企业带来前所未有的发展机遇。作为一家具有悠久历史的老字号企业，面对新形势，其运营机制、经营模式、资源状况均不具备竞争优势，且已制约企业发展。如何挖掘、提炼、继承马应龙的文化精髓，结合内、外部环境变化，与时俱进地构建发展战略架构，制定一套能够引导各项经济管理活动持续、有序、高效运行的行动纲领，并保证其有效落实，成为当时经营团队最为重要的工作。对于改革尚未得到普遍共识、已经形成固有思维方式和运行模式的老企业而言，可以说是任重而道远。

　　变革从企业股份制改造入手，明晰产权关系，转换组织机制与职能，根据内、外部环境变化，因地制宜提出"尊重历史、立足现在、着眼未来""三种精神、四个观念""在调整中发展，在发展中提高"以及"顺主流、抢先进、抓机遇、防风险"等经营理念、原则和方针。适时推出了市场营销战略、资本经营战略、品牌经营战略、标准化战略和人力资源经营战略。特别是系统总结、提炼了马应龙文化理念体系，即企业精神——"龙马精神"、哲学观——"以真修心，以勤修为"、价值观——"资源增值"、经营观——"稳健经营，协调发展"以及经营宗旨——"为顾客创造健康，为股东创造财富，为员工创造机会，为社会创造效益"。这些经营理念、战略措施及企业文化建设，为马应龙定位的确立、战略体系的构建以及发展战略的形成，奠定了坚实的基础，也是马应龙二十几年来持续增长、壮大的保障。为突出战略管理的地位及其对于企业运营的指导意义，以"经营纲要"为载体，借鉴中国共产党和中国政府长期执政经验所形成的非常完整的以"路线、方针、政策"为主轴的施政体系，通过方针、政策的分解落实，使各项工作由宏观转入微观。在系统构建上借鉴了目标管理、项目管理和在日本、我国台湾地区广泛用于质量管理领域的方针管理的思想及方法，并将目标管理植入方针管理之中，通过确定方针、目标、职责和质量管理系统的运作，来控制经营过程，优化经营活动，促进战略举措的实施和经营目标的实现。

马应龙方针管理模式的核心思想是通过方针管理的实施，使公司长期战略能够分阶段、分层次地落实，使整个经营工作的开展呈现持续性和渐进性特点，逐步实现公司设定的战略目标。在公司管理体系建设上，方针管理是衔接、融合战略管理与运营管理的桥梁和平台，使战略意图得以在日常运营中贯彻体现。之所以称为"模式"是因为它将方针管理的思想、方法系统化、流程化、模块化，并且已经成为企业经营管理的有效工具。

马应龙方针管理模式的逻辑架构，可以用"一个基础""三个环节""两个支撑"和"三个能力"来概括。"一个基础"是指企业各项经济活动是建立在价值创造基础上的，是经济行为的起点和终点，方针管理模式的构建要融入价值创造系统中。"三个环节"是指方针制定环节、方针实施环节和方针总结环节，构成方针循环的主线，使各项"指令"能够在企业中由上至下、由下至上地循环，有序落实。"两个支撑"是指绩效管理和预算管理两个基于协调配套的支持系统，前者给予人力资源方面的协调保障，后者提供财务资源方面的协调保障。"三个能力"是指通过方针管理模式的运行要达到强化企业的决策力、执行力和协同力，并实现三力集成的目的。企业实现健康、快速、持续发展的关键在于决策层能够具备通过及时收集信息对企业发展中的重要因素作出正确判断和确定最佳实施方案的决策能力；执行层能够依据既定决策组织实施并达成预期成效的执行能力；各部门和员工能够依据整体方向及目标对决策执行链各环节做出分工协调及组织平衡的协同能力，并有效促进三力集成放大效应。

马应龙方针管理模式是从企业经营管理实践出发，经过不断尝试与探索、不断学习与借鉴、不断创新与优化、逐步建立起来的管理工具，是各级领导积极参与、职能部门认真总结完善的结果，此次整理编印成册旨在将其理论体系科学化、系统化，操作流程格式化、模块化，引导各级干部、广大员工深刻领会其中丰富的文化内涵和切实把握有效运作的技巧与方法。由于经营业态的变化和经营模式的升级，方针管理模式也将发生变化和升级，衷心希望各公司或部门在实践中多提供宝贵建议和意见，相关职能部门将认真总结、汲取完善，使其真正成为能够持续促进马应龙健康发展的有效管理工具。

陈 平

2021 年 6 月 16 日于武汉南湖

目　录

1 方针管理模式概述

1.1 方针管理模式的由来

方针管理模式是马应龙药业集团股份有限公司从企业经营管理实践出发，经过不断尝试与摸索，不断学习与借鉴，不断创新与优化，逐步建立起来的管理工具，在马应龙组织体制和运行机制中发挥着至关重要的枢纽作用，也为马应龙十多年持续、健康、快速发展提供了至关重要的积极推动。1995年10月马应龙药业第一份年度经营纲要（即《1996年度经营纲要》）由公司董事长亲自执笔撰稿并推出，标志着马应龙启用方针管理的理念及方法推动经营实践，进入自发阶段。方针管理模式是马应龙历史文化的沉淀和延续，是多年来企业实践的总结，是多方学习借鉴、消化吸收并转化应用的产物。

1.1.1 三维三力价值创造系统的由来

起源于1582年的马应龙，能够持续经营至今，有其丰富的人文底蕴及文化沉淀，并在多年持续经营的实践中，不断丰富马应龙的文化内涵。马应龙得以持续经营400多年的奥秘就在于"马应龙"三个字。夫"马"者，驰骋于地，动如风，柔顺而勤劳，象征地，属坤卦，其文化内涵为"地势坤，君子以厚德载物"。在马应龙，则马之德范长存于真勤二字，"以真修心，以勤修为"，寓示着脚踏实地，从容的胸怀厚积德行，着重规律的同时顺应规律，真诚实在做人，勤劳踏实做事。夫"龙"者，经行于天，潜入水，显从云，象征天，属乾卦，其文化内涵为"天行健，君

1

子以自强不息"。在马应龙，则龙之精神体现为天人合一的宇宙观、仁者爱人的互主体观、阴阳交合的发展观和兼容并包的文化观，寓示着远大的理想，坚定的信念，执著的追求，发现规律进而驾驭规律，与时俱进，处理好人与自然、人与社会的关系。夫"应"者，意为"呼应"，同声相应，同气相求。在马应龙，形而下者为马，需躬身笃行，形而上者为龙，需孜孜以求，寓示着包容、虔诚的品德与踏实、奋发向上的精神相结合，远大理想与踏实肯干相结合。

马应龙的企业精神就是"龙马精神"，追求马的德范与龙的精神相呼应，追求行为与理念相统一，追求务实与务虚相统一，追求天人关系的和谐，追求人际关系的和谐，追求人与社会之间"人人为我，我为人人"的和谐。在马应龙，"天"就是客户，"地"就是股东，"人"就是员工，追求"天地人合一"就是追求客户、股东、员工的利益均衡协调发展。

马应龙经过多年的经营实践，践行企业文化的传承和发扬，形成了以客户、股东、员工为中心的三维三力价值创造系统。通过为客户创造健康而获得客户的忠诚；通过为股东创造财富而获得股东的信赖；通过为员工创造机会而获得员工的敬业。我们的经营对象不是企业或产品本身，而是经营客户、股东和员工，目标则是要获得他们的忠诚、信赖和敬业。

1.1.2 方针管理模式的定位

马应龙的三维三力价值创造系统是构建在产业经营平台之上，通过产品来经营客户、股东、员工，谓之"三维"，即构建以客户、股东、员工为经营对象的三维立体平台。将企业核心竞争力转化为对于受众的影响力，谓之"三力"，即对客户的产品力、营销力、品牌力，对股东的公信力、创造力、发展力，对员工的压力、动力和活力。方针管理模式贯穿于三大经营系统，推动三维三力系统性运行，起到引领、组织、协调的作用。马应龙的三维三力价值创造系统如图 1-1 和图 1-2 所示。

方针管理作为一种支撑体系，将客户经营系统、投资者经营系统、人

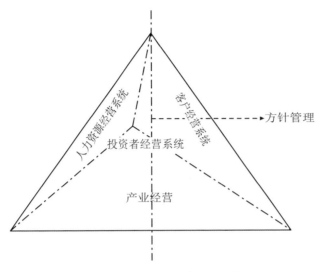

图 1-1　三维三力价值创造系统

力资源经营系统有机地联系起来，并为三维三力价值创造系统的运转提供有效的支持。在公司经营过程中，我们不应无视多重利益相关者的利益和他们的需求。只有满足更多的利益相关者，才能为企业带来更多的利润。所以马应龙的目标是满足不同层次利益相关者的需要，并由此打造了以客户、股东、员工为经营对象，方针管理为主轴的马应龙三维三力价值创造系统，最大限度地满足企业利益相关各方的利益和需求。

1.1.3　方针管理模式的实践意义

方针管理模式是马应龙多年来企业实践的总结，也是多方学习借鉴、消化吸收并转化应用的产物。马应龙方针管理模式借鉴吸收的外部成果主要包括以下几方面。

（1）借鉴公共行政管理领域关于路线、方针、政策的施政体系及相关方法。其主要特征为：第一，"路线、方针、政策"构成了从宏观到微观、层次分明、衔接顺畅的政令载体，便于深入理解、广泛推行及步调一致。第二，"路线、方针、政策"从实践出发，根据客观环境变化，不断与时俱进，实质内容是在辨证传承的基础上为了实现基本纲领和奋斗目

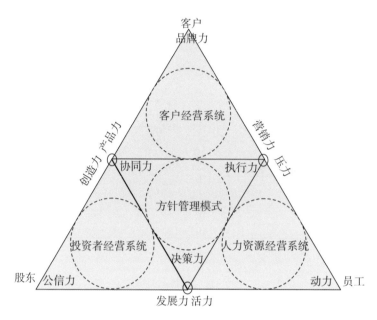

图 1-2　三维三力价值创造系统平面展开图

标，在不同的历史时期制定了相应的路线、方针和政策，明确了前进目标和行动准则。

（2）借鉴日本和我国台湾地区关于质量管理领域的方针管理思想及相关方法。质量管理是在科技发展和人民需要不断提高的基础上应运而生的管理思想，它通过确定质量方针、目标和职责，并通过质量体系中的质量策划、质量控制、质量保证和质量改进来促使其实现的所有管理职能的全部活动。通过质量的要求延伸到企业相关的各个经营领域，推动企业经营的发展。质量管理以确定的质量方针为统领，协调各个单元的工作开展，并最终实现其质量目标，而 PDCA 循环作为一种基本方法已被广大企业所认同和接受。

（3）借鉴目标管理、项目管理的思想及相关方法。目标管理是以目标为导向，进行组织和协调的管理方法，又被称为"责任制"；项目管理是指在有限资源下，通过合理的计划、协调、分配等一系列手段促成项目达成。目标管理和项目管理都强调对过程的计划和控制，讲求通过一定的手段达成既定的目标并不断地提高绩效。

1.2 方针和方针管理内涵

1.2.1 方针内涵

基于马应龙药业多年来企业经营管理实践，对于"方针"给出如下定义：方针是根据企业战略思想和发展规划，综合研判外部环境与内部条件，针对一定工作期间和一定工作领域而审慎制定的关于方向、目标、原则、策略的方法指针，是引导各项经营管理活动持续、有序、高效运作的行动纲领。

在内涵层面，马应龙所定义的"方针"，其本质是面向经营管理实践的针对性方法。方针从范畴上涉及五个要素：战略思想、外部环境、内部条件、方向及目标、原则及策略，具体如图 1-3 所示。

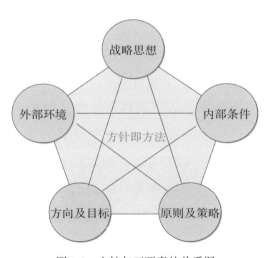

图 1-3　方针与五要素的关系图

方针是五项要素相互联系、相互促进、相互制约的产物。其中，战略思想、外部环境、内部条件是出发点，方向及目标、原则及策略是落脚点。

方针必须贯彻战略思想。战略思想是指导马应龙药业经营全局的基本观点，带有管理哲学色彩，具备相对稳定性和连贯性，指导企业发展并伴随企业发展而与时俱进。从马应龙实践看来，单纯在外部环境与内部条件之间作对比研究并推演出战略选择，忽视战略思想与外部环境、内部条件的相对独立性，容易滑落到脱离实践、茫然迷失的泥沼。战略思想、外部环境、内部条件三者必须紧密结合。比如，马应龙长期以来奉行"战略定位"的战略思想，立足于肛肠治痔领域这一细分市场精耕细作，逐步形成了较为突出的核心能力和竞争优势。在外部环境、内部条件不断变化的过程中，马应龙历年的经营方针始终受到"战略定位"的牵引。马应龙的经营方针基本是在战略思想、外部环境、内部条件综合研判的基础上制定的。

方针必须顺应外部环境的变化趋势。外部环境是影响和制约企业生存发展的外部因素的总和，在宏观层面主要包括政治及法律环境、社会及人文环境、技术环境、经济环境等，在微观层面主要包括产业周期、产业结构及价值链、细分市场需求、竞争格局等。在马应龙看来，外部环境是不断变化的，变化是有客观规律和发展趋势的，规律和趋势是可以被认知并把握的，所以顺应外部环境的变化趋势是马应龙方针的必要元素。比如，随着经济发展、技术进步以及国家相关产业政策的大力扶持，2011年生物医药行业的整体发展势头势必呈现良好态势。但是，随着医改配套机制的逐步推出，医改形势的逐步明朗，由此带来的矛盾也将逐渐浮出水面，医药市场的结构性变化和系统性风险将使医药企业面临前所未有的挑战，由此提出"转机制、调结构、促升级"的经营方针，要求遵循市场导向，转变经营观念，革新管理思路，优化调整机制建设；坚持平衡管理理念，找短板、寻差距，追求企业发展的平衡与协调；提升技术创新能力，强化基础管理创新水平，实现经营管理的标准化、精细化和前沿化。

方针必须把握内部条件的动态状况。内部条件是影响和支撑企业生存发展的内部因素的总和，主要体现在企业资源、企业能力、企业制度与企业文化等方面。在马应龙看来，内部条件是动态发展、不断积累的，相对于无限的外部环境而言，内部条件是有限的。如何客观辩证地评估内部条件并充分把握，以有限应对无限，将有限转化为有效，是马应龙方针的思维基点。比如，马应龙从一家传统的小型国有企业一路走来，在相当长时期内关于产品研发明确提出了"双提升"方针：优先提升社会资源整合能力，逐步提升自主创新能力。该方针是基于对当时马应龙现实内部条件的客观评估，是基于过程与结果相结合的理性选择。

方针必须明确方向及目标。方向是具有长远性的预期，目标是具有阶段性的预期，方向往往是确定性的，目标往往是在一定时期内有一定弹性的，二者的有机结合共同组成马应龙经营方针的一个落脚点。可以说，方向是大目标，目标是小方向，在方向既定的前提下，可以小步快跑，也可以阔步前进。只谈目标，不谈方向，则难以通过方针推进形成有效的战略积累；只谈方向，不谈目标，则难以把握方针推进的节奏并达成阶段性成果。比如，打造肛肠治痔领域第一品牌即是方向，马应龙麝香痔疮膏、麝香痔疮栓的年度销售回笼任务及结构占比即是目标，创办肛肠医院并于年内实现若干营业收入即是目标。在马应龙的方针中，打造肛肠治痔领域第一品牌的方向设定是不可动摇的，具体目标设定则既有确保的成分，也有挑战的成分。

方针必须明确原则及策略。原则是相对稳定的方法，策略是相对权变的方法，二者相辅相成，有所坚持，也有所创新，因时制宜、因势制宜、因地制宜，共同组成马应龙经营方针的另一个落脚点。马应龙的方针就内涵而言最显著的特点是突出方法，强化方法的原则性和灵活性，强化方法的适用对象和适用环境。关于是非对错的判断，关于重要性、紧迫性的讨论，必须沉降转化为切实可行、行之有效的方法。比如，坚持马应龙治痔系列药物性价比最优、价格与价值对等即是原则，应因不同病患者不同档次的卫生需求而灵活制定差异化的价格、注入新价值内涵即是策略，二者均为马应龙定价方法的重要支点。

在外延层面，马应龙所定义的"方针"包括基本方针、年度方针、总体方针、专项方针、简明式方针、详述式方针。

基本方针。基本方针是企业最基本的发展指针，涵盖了企业实践活动最基本的导向，是企业在经营管理活动中积累、检验、沉淀而来并加以明确的一种方针。马应龙的基本方针已经沉淀并提炼为"1+3+4"的企业文化理念，即企业精神："龙马精神"，哲学观："以真修心、以勤修为"，经营观："稳健经营、协调发展"，价值观："资源增值"，经营宗旨："为顾客创造健康、为股东创造财富、为员工创造机会、为社会创造效益。"

年度方针。年度方针是相对具体且易于理解的一种方针，明确提出并用于指导某一年度的经营运作。马应龙的年度方针以《年度经营纲要》为载体进行系统阐述并组织实施。在《年度经营纲要》中，既有关于公司整体经营的公司方针，也关于某一工作领域的部门方针。

总体方针。总体方针是关于公司整体经营全局之推动以及一定时期内主要矛盾和矛盾主要方面之解决的一种方针。比如，马应龙曾经提出"在发展中调整、在调整中提高"的总体方针，就是面向经营全局，着力强化增量发展，在增量中解决存量问题，在发展中解决现实问题，也是面向资源与能力不对称的状况，着力强化动态调整，优先解决短板问题和瓶颈问题。其中，发展是前提，调整是手段，提高是目的。

专项方针。专项方针是关于一定时期内开展专项工作的思路、方法而提出的具体方针。比如，马应龙曾经提出了"尊重历史、立足现在、着眼未来"的方针，主要是针对当时马应龙作为一家传统的国有企业推行人事改革所面临的相对复杂的环境。在此方针指引下，马应龙通过出台一系列程序公正、统筹兼顾的变革措施，人力资源管理变革得以平稳、渐进地推行，取得了使相关主体均为满意的积极成果。

详述式方针。详述式方针是将方针的内涵以及相关工作部署以较为系统、全面的文本加以阐述的一种表达方式。相对于简明式方针而言，其主要功能在于工作部署。比如，各年的《年度经营纲要》即是详述式方针，对于各年方针的方向、目标、原则、策略以及主要经营任务和重点工作进行了详细阐述。

简明式方针。简明式方针是将方针的内涵以较为简要、清晰的口号加以提炼、概括的一种表达方式。相对于详述式方针而言，其主要功能在于宣传教育，便于全体员工理解，争取共识。比如，《2019 年度经营纲要》本身是一种详述式的方针，其中明确提出的总体方针"促转型、防风险、提效率"即是简明式的方针。详述式方针与简明式方针均是方针的表达方式，一体两面，互为补充，各有侧重。

需要特别说明的是，鉴于各类方针在企业经营实践中的实效性、适用性、时段性，马应龙的方针管理模式主要以年度方针为主线展开，在此予以重点阐述。

方针是马应龙方针管理模式的核心概念，具有如下主要特征。

权威性。方针是由马应龙决策机构——董事会经过审慎研究、系统评估，并按照一定流程制定出来的行动纲领，在马应龙内部具有严肃的权威性。各级管理人员及全体员工均应学习领会、贯彻落实，并根据工作实际及时提出合理化建议，以利于决策与执行的互动，共同提高。

针对性。方针是针对一定工作期间和一定工作领域而制定的方法指针，应当在正确的地方以正确的方法适用正确的方针。如果偏离适用对象和适用环境，方针将丧失应有的价值，甚至产生负向作用。保持方针的针对性，应当是从方针制定到方针实施再到方针总结的全流程中贯穿始终的内在要求。

指导性。方针是指引各项经营管理活动持续、有序、高效运作的行动纲领，各级管理人员应当在深入领会的基础上切实将方针作为指导，贯彻方针的内在精神，将行动纲领创造性地转化为行动计划，分解到位，强化执行，高效落实。方针的指导性对应的是坚决的执行力。

可行性。切实可行、行之有效的方法是方针的必要支撑，而方针本身就是在一定程度上提炼、概括出来的方法，实践是检验方针的根本标准，方针应当从实践中来，到实践中去。如果不注重方针的可行性，脱离经营管理实际，方针将成为无本之木、无根之水。建立以反馈回路、及时校准、动态调整的调适机制，是保持方针可行性的关键。

承启性。方针居于关键的中间层次，向上应当承接战略思路和发展规划，向下应当启发各营运单元发现问题、分析问题并解决问题。方针是战略层面与营运层面之间承上启下的中枢，是以战略牵引营运、以营运策应战略的线索。方针的承启性应在企业经营管理全局的大体系下正确地认识和把握，实现前瞻与务实的有机结合。

连续性。基于方针的各种经营活动表现为滚动实施，动态闭环，螺旋上升的连续行为。经过客观实践检验并沉淀下来的正确有效的方针需要连续地实行，以发挥更大价值；在实践中不断修正、提升、演进的方针需要辩证地扬弃地保持连续性，知其然，更知其所以然，因变应变，更以不变应万变。

1.2.2　方针管理内涵

基于马应龙药业多年来企业经营管理实践，对于"方针管理"给出如下定义：方针管理是面向企业经营管理全局，以持续提升决策力、执行力、协同力为导向，以方针为主线开展的方针制定、方针实施、方针总结、绩效管理、预算管理、价值创造等一系列经营管理活动的总称。

在内涵层面，马应龙所定义的"方针管理"，其本质是"从决策到执行"，其核心是将方针贯穿于决策与执行的全流程之中的协同运行、循环递进的管理过程。此过程即为"方针循环"，依次展开主要包括三个环节：方针制定、方针实施、方针总结，如图1-4所示。

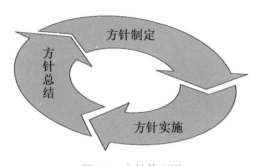

图1-4　方针管理图

方针制定。承担决策职能的相关管理主体（简称"决策主体"）针对一定工作期间和一定工作领域，根据企业战略思想和发展规划，综合研判外部环境与内部条件，经过必要的决策程序，运用科学的决策方法，审慎制定方针。基本方针、年度方针、总体方针及重大专项方针的决策主体为董事会，一般专项方针的决策主体为当事决策团队。承担执行职能的相关管理主体（简称"执行主体"）在此环节中要发挥前馈作用。

方针实施。各方执行主体以方针为指导，结合工作实际，坚持既定原则，灵活地、甚至创造性地运用策略，自觉地发现、分析并解决问题，完成经营任务，达成方针要求的方向及目标。决策主体在此环节要发挥领导、组织及过程控制的作用，及时响应执行主体的反馈，采取必要的督导支持或受控调整手段。

方针总结。决策主体与执行主体共同就方针制定、方针实施的过程、结果以及方针的合理性等，从实际出发，进行全面系统评估，重点开展检讨式总结，并着手改进，为下一轮方针循环作出必要的准备。

循环递进。根据外部环境、战略思想、内部条件的变化作出及时响应，积极推动方针管理本身的完善提高，递进启动下一轮方针循环。静态环境下的方针循环是一个有始有终的闭环线路，而动态环境下的方针循环是一组递进提升的螺旋线路。马应龙所倡导的方针管理是能够自动运作、自我学习、自觉进化的管理过程，这种特性主要体现在循环递进上。

在应用层面，马应龙所推行的方针管理力求实现"立体化应用"，即以管理过程为主轴，从管理层次、管理领域、管理职能等各维度发散形成立体化推广应用，以期整体上达到高效协同。"立体化应用"具体如表1-1所示。

表 1-1　　　　　　　　　　　方针管理立体化应用示意表

维度	状态	要项	应用要求	
管理过程	全流程	方针制定→方针实施→方针总结	时间第一维全流程对接	协同
管理层次	全员	高层、中层、基层、终端执行者	逐级分解完全覆盖	
管理领域	全范围	营运部门、支持部门、监控部门	广泛参与互动协作	
管理职能	全力	决策、组织、领导、控制、创新	贯穿其中有机结合	

在管理过程维度，关键事项在于方针制定、方针实施、方针总结所构成的方针循环，其应用要求是全流程对接。因管理过程内含时间范畴，故为第一维度。

在管理层次维度，高层管理者、中层管理者、基层管理者、终端执行者等各管理层级均逐级分解落实其方针管理大系统中的职责及任务、方向及目标、原则及策略，以期实现完全覆盖。

在管理领域维度，销售、生产、研发、资产等营运部门（包括各子公司及事业部等营运单元），人力资源、财务会计、审计监察、质量保证、法律事务、行政管理等支持部门和监控部门均推行方针管理，广泛参与，以期达到互动协作。

在管理职能维度，决策、组织、领导、控制、创新等均要贯穿于方针管理之中，以期实现管理职能与管理过程的有机结合。

案例 1-1

方针立体化实施

2015 年公司完成全国成人肛肠疾病学调研后，流调结果揭示了前所未有的市场发展机遇，由此公司提出"转型升级促发展"的经营方针，要求积极应对新形势、新变化，明确发展方向和路径，实现三个方向的转变，即从疾病诊疗向健康管理的延伸转型，从药品制造商到肛肠健康方案提供商的转型，从经营产品到经营平台价值的转型。正式明确了公司的战略目标调整为：打造肛肠健康方案提供商，大力发展大健康产业。

为了促进总体方针的有序落实，在执行分解过程中，进一步明确了专项工作方针，出台《打造肛肠健康方案提供商的行动纲要》，部署"531"行动计划，即五大工程（客户扫描工程、产业延伸工程、生态链建设工程、品牌提升工程和资本助推工程）、三大终端拦截战役（县域市场开发、共建肛肠诊疗中心、马应龙健康家）、一个机制（客户价值驱动机制），确保总体方针的部署到专项方针的行动举措，能有效分解，层层实施。

　　其中三大终端拦截战役进一步深入贯彻，在后续年度方针中结合价值创造机制要求，在一线队伍的绩效目标中逐级体现落实。现在回顾来看，市场也证明了当时提出县域市场、医院市场和社区终端开发的前瞻性，完全契合市场变化趋势，并得到积极进展。四年布局公司药品在县域等级医院覆盖率、开发数量、产出规模三个指标基本翻番的成绩，共建肛肠诊疗中心超过 50 家，重构人货场，重新定义零售终端的社区功能，以持续开展标杆社区康养服务为探索路径，联动重症药房、中医馆扩大服务半径，健康家运行模式成型，实现医和药的线上线下联动经营。

1.2.3　方针管理实质

　　方针管理的实质是信息流管理。企业信息流是企业经营管理活动中所形成的信息收集、分析和处理的过程。企业依据各种信息的流动和交互，形成各种信息指令驱动企业经营活动开展。方针管理实质上就是对信息流的管理，通过对外部信息的收集、整理和加工，实施方针管理，制定、执行和总结的过程。方针制定环节侧重内外部环境信息的收集和整理，结合战略目标，制定目标，是决策过程；方针实施环节是对目标的分解、督导和跟进，实质是通过信息流从上至下以及从下至上的传递交互，调整执行和协同；方针总结是对运行结果的总结，最终对整体运行成效的信息反馈。基于信息流的方针管理要求做到采集真实、研判准确、传输快捷、运用有效和反馈优化，才能保障方针管理的高效运行。

1. 采集真实

　　信息数据的采集结果是方针制定的基础，对实施环节和总结环节的信息采集又是准确评估的保障。由此，马应龙构建了战略数据体系，构建战略情报机制，建立了覆盖全产业链的信息采集通道，自建北美、日本等信息采集点，整合外部专业信息调研单位资源，形成了全渠道、全领域的信息资源覆盖。采集范围包括市场宏观数据、行业数据、产品数据、客户需求数据，以及公司内部的企业经营数据等，形成统一的情报数据管控平台。数据应用于战略分析、行业分析、企业经营效益分析等各领域，对方针管理的运行提供全领域的数据支持。

2. 研判准确

方针管理运行的前提在于决策力，决策力要求对信息的判断尽可能的科学合理，对发展趋势的预测能够有效研判。为了保障决策的有效性，马应龙一方面构建了相对特色的公司治理架构，在法定要求的董事会下设 4 个专门委员会，分别为战略委员会、提名委员会、薪酬与考核委员会、审计委员会。同时另设 4 个专业委员会，分别为投资管理委员会、品牌管理委员会、风险管理委员会、创新管理委员会，进一步发挥独立董事和外部专家的资源优势，保障决策的有效性。另一方面公司搭建战略管理平台，强化战略研究对研判的支持。战略管理平台侧重于战略机会判断、战略优势研究以及战略优势实现路径研究。战略机会的判断从中宏观层面对相关行业和细分市场进行前瞻性研究；针对全局性、战略性的政策进行调整研究，发现战略机会和投资价值。战略优势研究是开展相关产业链和产业生态研究，分析产业价值链，发现产业链上的战略优势领域和产业链价值节点。战略实施研究主要对标研究战略实施路径，深度研究其成功路径和方式，从中发现战略路径实现方向，寻求与公司产业的复制与对接。

3. 传输快捷

高效便捷的信息传输流程有助于方针实施的效率，促进沟通协调的有效性。马应龙通过搭建管理工作流平台和财务、人力共享管理平台，保障方针指令和反馈的高效传导。建立了覆盖销售、生产、研发、质量的全产业链的信息化平台，保障各环节的业务信息采集和反馈，同时提升整体运营效率。实施工业智能制造，通过生产智能化、服务智能化、管理智能化和产品智能化，进一步降低沟通成本，促进经营管理效率的提升。

4. 运用有效

在方针执行层面要对接信息流管理，一方面是保障信息收集和传递的有效性，另一方面对所收集到的信息的整理应用能够发挥到方针管理的实施环节中。马应龙针对方针管理的信息重要应用环节在于绩效管理和预算管理，通过绩效管理机制，实现绩效管理从高层到中层、基层的层层分解，通过预算管理机制，实现资源的有效配置，同时借助信息流的传递，实现绩效目标和资源配置的对接，绩效跟踪和资源使用进度的对接，绩效反馈和资源使用成效的对接。

5. 反馈优化

构建形成信息流传递的闭环机制。从目标设定，到目标执行、跟进、反馈，方针管理的闭环运行实质上是信息流的闭环运行。同时马应龙实施半年经济工作会议和年度总结会议，半年经济工作会议侧重于对过程的督导，根据半年信息反馈修订执行策略，年度总结会议侧重工作总结，反馈整体进展以及启动下一阶段的方针制定，两者的目的和目标有一定区别，也是对信息流传递的内容和应用有差异化的要求。

1.2.4 方针管理目标

方针管理是将方针贯穿于决策与执行的全流程之中的协同运行、循环递进的管理过程。那么方针管理的目标就是为了驱动企业价值创造，达成方针的目标要求。

价值创造是基于马应龙的经营理念和经营实质提炼的经营管理基本要求。在马应龙，企业精神是"龙马精神"，要求企业持续追求客户、股东、员工的利益均衡协调发展。聚焦"四个创造"经营宗旨，即为顾客创造健康、为股东创造财富、为员工创造机会和为社会创造效益。通过为客户创造健康而获得客户的忠诚；通过为股东创造财富而获得股东的信赖；通过为员工创造机会而获得员工的敬业。我们的经营对象不是企业或

15

产品本身，而是经营客户、股东和员工，目标则是要获得他们的忠诚、信赖和敬业。价值创造就是围绕经营对象，持续提供价值增值的产品、服务和相应产出。基于不同的经营对象，价值的内涵稍有不同，比如客户价值体现在产品和服务上，通过企业制造过程产生，股东价值体现在企业价值增值上。公司所有的经营管理环节都要求聚焦于价值创造展开。

马应龙通过价值创造体系的运作就是将企业的日常经营活动与价值创造导向结合，通过方针管理的引导和运行，实现价值增值。企业价值创造体系是方针管理的承载体。方针管理依托于组织功能和工作流程实现信息流的传递和反馈。

方针管理一方面促进企业从上至下长短期目标的一致性，以及行动方向和举措的合力效应；另一方面通过方针管理运作，实现对价值创造过程的有效管控，目标和资源配置的有机结合。方针管理根本目的就是通过有序、高效的管理模式促进企业的价值创造，并使得价值创造围绕公司当前重点能够有序开展，从而实现短期经营目标和长期战略目标。

1.2.5 方针管理驱动力

马应龙多年来不遗余力地推行方针管理，根本导向是通过方针管理的优化与创新，持续提升马应龙组织机体的决策力、执行力、协同力，并以此作为马应龙方针管理的驱动力。内外部环境在不断变化，企业要实现健康发展并追求基业长青，特别是在不确定环境中要实现可持续发展，决策力、执行力、协同力的重要性毋庸置疑。马应龙在自我评估方针管理是否卓有成效时的主要标准就是审视马应龙是否实现了各管理层级的决策力、执行力、协同力的不断提高，是否实现了决策力、执行力、协同力在每项经营管理活动中的真正集成，是否实现了经营行为向经营成果的转化、能力提高向资源增值的转化。

决策力。决策力是依据已知信息对事物发展作出判断和选择的能力，具体表现为一种把握机遇或者发现问题的能力。决策力是方针管理的发动机，保证马应龙的方向正确、目标合理、措施可行。我们所期望的决策力不仅仅在于高层管理者的决断，更在于经营团队的综合能力，团队才是力量的源泉。我们所期望的决策力不仅仅在于确定型决策与风险型决策，更在于不确定型决策——在不确定条件下决策者的文化理念、价值观及态度将在决策时发挥至关重要的作用。

执行力。执行力是依据既定决策组织实施并达成预期成效的能力，具体表现为一种克服障碍或解决问题的能力。执行力是方针管理的驱动轮，保证马应龙各项决策贯彻落实到位。我们所期望的执行力，不仅仅表现在机械式的执行任务，更在于能动性执行、创造性执行，既能及时保质保量地完成任务，又能形成流程化保障和方法论支撑。

协同力。协同力是依据整体方向及目标对决策执行链各环节作出协调和平衡的能力，具体表现为一种消解分歧或者达成共识的能力。协同力是方针管理的润滑剂，保证马应龙从决策到执行的顺畅通达，协调共进，效能与效率倍增。我们所期望的协同力，应表现为任务分解的协同、资源配置的协同、信息共享的协同以及行为方式的协同，同时表现为决策对执行的协同（前馈回应）、执行对决策的协同（反馈回应）以及执行对执行的协同（制衡回应）。从马应龙的实践看来，协同力的作用至关重要，但往往容易被忽视。

方针管理框架下的三力集成。马应龙推行方针管理有一个重要的思维基点——决策力、执行力、协同力三力集成。即是说决策力要能有效集成执行力与协同力。一方面，以方针为载体的决策力必须植根于执行力的土壤之中，决策力需考虑执行力的可实现性。另一方面，决策力不能依赖于完美的执行力，决策力需考虑执行力的难度。卓越决策力的精髓在于，它不依赖于完美执行力也能取得成功，甚至能够容忍局部范围内平庸执行力并有能力有余地加以提升。决策力要留给执行力一定的"摄动空间"，留有成功的"余量"，要能经得起执行力的"灵敏度分析"的检验。与之对应，执行力也要集成决策力与协同力。一方面，执行力要发挥对决策力的前馈回应，从而积极影响方针制定，也要发挥对决策力的反馈回应，从而积极影响方针总结。另一方面，执行力要顺应决策力的要求，卓越执行力的精髓在于，它能够通过创造性执行、能动性执行对宏观决策力加以补充完善或者促进其有效落地，推动执行力的内在方法向决策力转移放大。具体如图 1-5 所示。

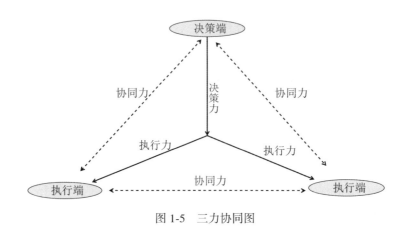

图 1-5　三力协同图

以应对新医改为例。马应龙应对新医改提出了"顺主流、抢先机、抓机遇、防风险"的十二字方针，其中抢先机的要求之一是主导产品争取到相关资质（"争资格"）。根据马应龙主导产品的市场地位、性价比、竞品状况以及马应龙的社会资源积累等现实条件，应该说决策力比较充分地考虑了执行力的可实现性。而新医改将引发医药行业格局性变化，争资格存在相当的难度，退一步讲，如果马应龙在争资格方面出现偏差或者只取得差强人意的结果，马应龙依然留有成功的余量。实际的结果是争资格全线告捷，取得了超乎预期的成果。进而形成了"争资格、抢份额、建渠道、占终端"的执行方针，延伸细化了"顺主流、抢先机、抓机遇、防风险"的总体方针。2009 年度应对新医改也成为马应龙方针管理的决策力、执行力、协同力三力集成的典型案例。

1.3　方针管理模式

1.3.1　方针管理模式的内涵

基于马应龙药业多年来企业经营管理实践，对于"方针管理模式"

给出如下定义：方针管理模式是根据方针管理的思想和方法，将方针管理诸项活动进行系统化、模块化、工具化而构成的一种经营管理模式。

　　方针管理模式的整体框架主要包括方针制定环节、方针实施环节、方针总结环节、绩效管理系统、预算管理系统和价值创造系统。其中三个环节是基于方针循环的主线环节，两个系统是基于协同配套的支持系统，绩效管理系统主要提供人力资源方面的协同保障，预算管理系统主要提供财务资源方面的协同保障，价值创造系统则是方针管理模式的基础。整体框架如图 1-6 所示，可以概括为"3+2+1"模型，各模块在下节中简要介绍。(三个环节+2 个支撑+1 个平台)

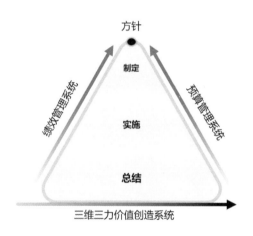

图 1-6　方针管理模式整体框架图

　　人是第一要素，马应龙的方针管理模式必须依靠各层级的管理主体共同推动。方针管理模式的动力架构的理想状态是高层管理者启动、中层管理者驱动、基层管理者自动、终端执行者主动之间的协调联动，从而达到马应龙组织内部系统化自动化运转，如图 1-7 所示。

　　在方针管理模式中，战略管理层、战术管理层、作业管理层作为不同层级的管理主体，发挥有所区别但相互联系的作用，具有不同的特性、职责及工作要求，其比较如表 1-2 所示。

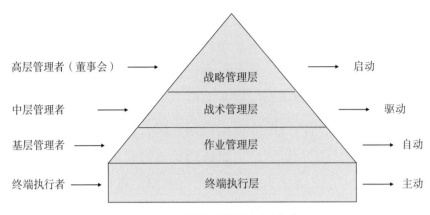

图 1-7　方针管理模式的动力架构

表 1-2　　　　　　　　　　　　　　　方针管理模式各层级特性

特性＼层次	战略管理层	战术管理层	作业管理层
人员特性	高层管理人员	中层管理人员	基层管理人员
范围特性	全局性	局部性	微观性
时间特性	长远性	中期性	短期性
整体特性	系统性，内部和外部影响因素众多	关联性，横向和纵向影响因素众多	专一性，纵向影响因素单一，横向影响因素较多
易变特性	稳定性	灵活性	频繁性
应变特性	适应性	随动性	规范性
竞争特性	竞争性：增强竞争优势	制胜性：赢得竞争优势	奠基性：奠定竞争优势
风险特性	风险性	亚风险性	弱风险性
指导特性	纲领性	服从性和指导性	终端性
创新特性	强调整体创新，但不追求奇特	在竞争中注重具有独特性的创意	创新的目的在于追求管理的合理化
现实特性	目标宏伟、激动人心	贴近实际、追求实效	更加具体、明确，更强调现实效果
细节特性	综合性	粗中有细	细节性
结构特性	非结构化	半结构化	结构化

续表

特性\层次	战略管理层	战术管理层	作业管理层
方法特性	定性分析为主、理论与实践相结合	灵活运用定性与定量分析方法	常规、固定和定量化管理方法
信息特性	对外源信息需求大，保密性高，精度和使用频率较低，浓度高，信息流量小	对外源信息、内源信息均有一定需求，保密性、精度、使用频率和信息流量中等	对内源信息需求量大，也是内部信息的信源，保密性较低，精度和适用频度高，信息流量大
处理特性	批处理方式，处理量小，处理难度大	批处理和实时处理结合，处理量中等，处理程序和方法较为灵活	实时处理方式，处理量大，处理程序和方法较为固定

1.3.2 方针管理模式的运行

1. 方针管理模式的运行周期

马应龙方针管理模式以年度为主要周期展开运行，各模块的时段衔接为：

（1）方针制定环节自上年9月份启动并于当年1月1日前全部完成。

（2）方针实施环节自当年1月1日启动并持续全年。

（3）方针总结环节自当年10月份启动并递延到下年春节前完成。

（4）绩效管理系统自上年12月启动并递延到下年春节前完成。

（5）预算管理系统自上年12月启动并递延到下年春节前完成。

（6）下一周期方针制定环节自当年9月份启动。

（7）下一周期绩效管理系统自当年12月份启动。

（8）下一周期预算管理系统自当年12月份启动。

各模块的时段衔接如图1-8所示。

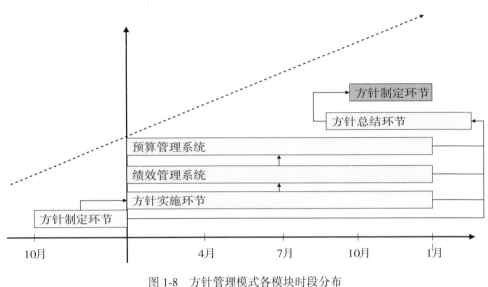

图 1-8　方针管理模式各模块时段分布

2. 方针管理的环节

方针管理主要包含三个主要的环节：制定、实施和总结。这三个环节中又包含若干个组成部分，一起组成了方针管理主系统。

方针制定是方针管理的起点，通过进行广泛的信息收集，并进行有效的分析，公司能够掌握当前内外部经营环境的变化。立足与公司自身的实际，结合公司长远的发展目标，根据当前情势制定出合理的工作方针，并依据方针制定年度经营纲要指导公司各个板块开展工作。同时方针管理的两大支撑系统进行对接，推动公司经营工作的高效开展。

方针实施环节是对方针的贯彻和落实。公司各单元将方针指导原则进行细化，制订相应的工作计划，采取有效的措施进行落实，并在这个过程中不断加强经营能力的建设。公司相关控制部门将采取多种手段进行督导和控制，以确保经营向方针指定的方向前进。

方针总结是对方针本身和执行情况的评价。通过成效评估对方针的指导性和执行情况进行验证，以检讨总结的方式汲取各个环节的经验教训，对重点专项工作给予重点考察，发现工作中的疏漏偏差对之进行问责以发掘潜在的影响因素，并将总结成果进行分类汇总以提供公司经营的参考。

通过方针管理各个环节的实施，使方针管理具备了连续性和系统性，在指导公司经营工作进行的同时，不断完善和健全公司体制机制，解决公司发展中所遇到的瓶颈和障碍，促进公司经营工作持续健康地开展。

1.3.3　绩效管理系统

绩效管理系统是在根据《经营纲要》的公司绩效目标要求，结合方针指导原则，协调、组织、引导公司各单元、各层级依据自身工作的特点，对绩效目标任务进行层层分解，制定相关绩效责任书，并根据公司绩效管理的相关规定对各单元绩效责任完成情况进行监督、跟踪和适时调整的工作系统。

马应龙绩效管理系统分为三个层级，以绩效管理委员会为最高机构，向下延伸设立绩效管理办公室进行常规工作统筹，并设立绩效考核小组开展以部门为单位的绩效考核。通过各层级机构的工作，对公司各单元、各层级绩效目标进度进行有效的管理和指导，从而推动公司整体目标的达成。

绩效管理系统通过对目标的分解和达成过程中的跟踪及控制，做到对公司目标进度的管理和控制，及时发现问题并进行调整，从而确保在方针指导下的公司工作能够稳步有序地开展。关于绩效管理管理系统的详细内容将在第五章进行详细介绍。

1.3.4　预算管理系统

预算管理系统是以科学的预测为基础，以公司的发展战略、经营目标为依据，在分析公司历史资料、同行业资料、市场形势和国家宏观经济政策等资料数据的基础上，结合公司实际经营情况、资源情况，对预算期间公司的财务、经营、投资等经济活动作出合理资源配备计划的系统。

经过多年的发展，马应龙逐渐形成了以预算管理委员会为核心的三层次预算管理支持组织，并以信息化为支撑，不断推进预算工作的优化，建立并不断完善全面预算管理制度，为企业资源的合理使用奠定良好的基础。

预算管理通过对各级目标所需资源的审定，对各级目标资源的配备进行合理的建议和调整，并对预算各事项相关费用进展状况进行监督和审核，关于预算管理系统的详细内容将在第六章进行详细介绍。

1.3.5 价值创造系统

价值创造系统是马应龙基于四个创造的经营宗旨，践行为客户、股东、员工创造价值的经营理念，促进企业文化与经营管理的深度融合，形成的富有马应龙特色的经营理念和运营系统。

在方针管理模式中，创造系统是基础平台，方针制定、方针实施、方针总结、绩效管理和预算管理各环节都是基于价值创造系统的运作机制展开。基于三维三力价值创造系统搭建了组织体系和运行机制，方针管理环节和绩效预算系统推动价值创造机制的运行，从而促进经营目标的达成。

价值创造系统结合公司实际运行情况分为运营系统和管理系统。运营系统以满足客户需求为导向，贯穿落实以客户为中心的价值驱动机制，搭建解决方案系统、产品交付系统和客服销售系统，同时基于产业经营和资本经营相结合的战略路径要求，组建资产营运系统。在管理系统中，马应龙建立以战略管理、人力资源管理、财务管理为核心的三大职能管理体系，强化三大管理职能与运营系统的高效联动和有效管控；形成专业质量、法律、合规、审计为核心的专业支持管理职能，完善全面风险管控机制；构建外部协调和内部保障为主体的行政服务体系，强化管理效率。

关于价值创造系统的详细内容将在第七章进行详细介绍。

2 方针制定环节

方针制定是方针管理的起点和统领。方针制定为方针管理提供了可供操作的对象，指引年度经营工作的开展，是方针管理中最为关键的环节，如何通过研究分析制定较为完备的指导方针是本章讨论的重点。

2.1 方针制定概述

2.1.1 方针制定的顶层逻辑

方针制定是通过对内外部价值信息的全息采集和科学洞察分析，在"企业战略和企业文化"的双重指导下，围绕各组织功能和价值创造点，制定的年度经营工作指导思路和重点工作安排。

方针制定必须遵循三个顶层逻辑：一是符合企业战略；二是契合企业文化；三是融合三维三力价值创造体系。

（1）方针制定必须符合企业战略。年度方针是为企业的经营发展走好坚实的每一步服务，它的最终目的是确保企业长期战略目标的实现。因此在决策的过程中，要充分考虑到战略目标实现的需要，确保企业短期经营与长期发展战略相一致。

案例 2-1

马应龙关于"转型升级促发展"的经营方针

2015 年，根据"中国成人常见肛肠疾病流行病学调查"结果，马应龙提出新的发展战略"打造肛肠健康方案提供商，聚焦于肛肠健康领域，以全病程的客户需求为导向，强化核心竞争优势，发挥资源整合能力，致力于为客户提供专业化、个性化、多样化的肛肠健康方案"。

基于此新的发展战略，马应龙在 2016 年经营纲要中提出"转型升级促发展"的指导方针，重点经营策略包括：一是实现从疾病诊疗向健康管理的延伸转型。二是实现从药品制造商到肛肠健康方案提供商的转型。三是实现从经营产品到经营平台价值的转型。四是实现从厂家促销模式向整合代理模式的营销转型……

（2）方针制定必须契合企业文化。马应龙的一切活动都必须体现企业 400 多年来沉淀的企业文化，事实上马应龙的基本方针已经沉淀并提炼为"1+3+4"的企业文化理念，即企业精神"龙马精神"、哲学观"以真修心、以勤修为"、经营观"稳健经营、协调发展"、价值观"资源增值"、经营宗旨"为顾客创造健康、为股东创造财富、为员工创造机会、为社会创造效益"。

案例 2-2

马应龙"1+3+4"特色企业文化

马应龙得以传承的核心在于文化。文化是巨大的信仰和精神力量，构建成一个组织的核心价值体系和精神支柱。我们以为 400 多年持续经营的奥秘在于对文化的解读。

"1"：企业精神——龙马精神。

在马应龙，"龙"寓示着远大的理想，坚定的信念；"马"寓示着脚踏实地，顺应规律，尊重规律，以包容的胸怀厚积德行；"应"，意为"呼应"，马应龙意味着将包容、虔诚的品德与踏实、奋发、向上的精神相结合，远大理想与踏实肯干相结合。

因此，我们倡导"龙马精神"的企业精神，正是追求马的德范与龙的精神相呼应，追求行为与理念、务实与务虚的相统一，追求人与自然之间"天人合一"的和谐，追求人与社会之间"人人为我我为人人"的和谐。

龙马精神，追求天、地、人合一，是我们的逻辑起点和终点，在马应龙，天是客户、地是股东、人是员工，天地人合一就是客户、股东、员工协同发展，实现了企业文化精髓与经营实际的有机融合。

"3"：三观：哲学观——以真修心，以勤修为；价值观——资源增值；经营观——稳健经营，协调发展。

以真修心，以勤修为就是要真诚实在做人，脚踏实地做事，在马应龙要求炮制药品真材实料，为人处世真心实意，待人接物真诚信达，学习探索真理真谛，讨论钻研真知灼见，评价总结实事求是，勤勉努力，脚踏实地，一丝不苟，自强不息。

所谓资源增值就是资源价值的相对提高。增值的直接表现是创造、创新、贡献、进步，间接表现是使各种利益主体均获得可持续的、公平的、最大化的利益增值。资源增值，是企业经营的内在价值要求，是衡量企业价值和个人价值的主要标准。只有资源增值了，才能满足股东、顾客、员工发展的需要。

稳健经营，协调发展就是要树立科学发展观，注重长期效益，追求可持续发展。稳健经营是要以科学的态度，坚持稳健经营的财务政策，审慎的处理各种决策。协调发展主要是要解决经营要素与经营能力之间的问题。在马应龙，我们注重各利益主体之间关系的协调，注重经营要素与经营能力的协调，注重长期利益与短期利益的协调。

"4"："四个创造"的经营宗旨——为顾客创造健康，为股东创造财富，为员工创造机会，为社会创造效益。

四个创造的核心内涵即是"利益相关方多元均衡"，通过马应龙的经营活动，使各种利益主体均获得可持续的、公平的、最大化利益，构建稳固的利益关系平台。

（3）方针制定必须融合三维三力价值创造体系。三维三力价值创造是企业以满足目标客户的需求为出发点，综合运用发现、制造和整合能力，吸纳资源、转换资源和输出资源，最终实现资源不断增值的过程。

在马应龙，三维三力价值创造体系是方针管理的承载体，方针管理过程中的信息传递与反馈要依托于各组织的功能和工作流程。同时，方针管理模式的贯彻落实也将推动三维三力价值体系不断升级，方针管理在制定—执行—总结的流转效率和效果会驱动组织架构和工作流程的调整和优化。

方针管理与价值创造是相互促进、互为因果的关系，因此，方针制定是围绕各组织功能和价值创造点，制定年度经营工作的指导思路和重点工作安排。

2.1.2 方针制定的基本原则

为保证年度方针的指导性、操作性和权威性，除了要严格遵从顶层逻辑外，还应遵从以下基本原则。

（1）方针制定应综合评估外部环境和内部条件。马应龙建立了全方位的信息情报体系，通过对外部政策、客户、行业、市场等环境变化的密切监测和跟踪，可及时洞察到对当下和未来发展具有潜在影响的因素和事件，从而前瞻性地进行布局。而立足于自身的实际是企业决策最为根本的要求，要坚持从自身出发，综合考虑自身人财物资源情况和运营能力大小等，做与自身实际相匹配的事情，才能高效高质地完成工作，进而确保战略目标的逐步实现。

（2）方针制定必须考虑发展与调整。方针的制定要考虑到企业内部情况，要对企业自身能否适应发展进行全面的评估，使制定的方针能够指导公司不断加强企业自身的优势和长处，通过不断地变革和调整去屏蔽和扭转经营的短板和颓势，合理使用"加减法"强化企业生存发展能力。

（3）方针制定需要兼顾领导与专家的意见。有关企业战略方面的重大决策，对企业的生死存亡至关重要，且此类决策涉及面广，影响因素极多，仅靠个人的知识和经验决策难以有效控制，因此需要结合多方的智慧，从不同的视角去审视问题，确保决策的正确性。

（4）方针制定需要综合兼顾全局与部分。企业是一系列零件组成的机器，只有各零件协调运转时，企业才能得到高效的产出和发展。因此，作为对公司全年工作的基本指导，方针制定的决策需要对经营全局进行综合考虑，需要兼顾到公司工作的各个方面，要能够有效地协调各个单元的运营。

（5）方针制定需要综合思想与实践。一切的思想归根结底是为了指导实践，而实践的成果又将转化为经营的思想，这是一个螺旋上升的过程。不具备可操作性的方针对企业来说没有任何实际的意义，因此要充分考虑到策略在实际工作中运用的可能性，要能够将策略转化为具体的、可开展的方式。同时也要对过去的实践进行提炼和升华，吸取其中的精华形成新思想进一步指导实践的开展。

简单地说，方针确定的决策就是要遵循"龙马精神"，将远大的抱负与脚踏实地结合起来，不断优化资源的配置组合，做到资源增值，促进企业的不断增长，实现可持续发展和基业长青。

2.1.3 方针制定流程

方针制定主要由信息收集、形势分析、方针确立、纲要编制和方针发布五个部分组成。其中每个部分又包含了若干个节点，穿插在一起形成了方针制定的全流程（图 2-1），各流程主要参与部门如表 2-1 所示。

表 2-1　　　　　　　　　　方针制定各阶段参与部门

流程	参 与 部 门
信息收集	公司全员、信息中心
形势分析	董事会、经营层、专业委员会
方针确立	董事会、专业委员会
纲要编制	董事会、战略委员会、各营运板块、董事会秘书处
方针宣导	董事会、董事会秘书处、预算管理系统、绩效管理系统

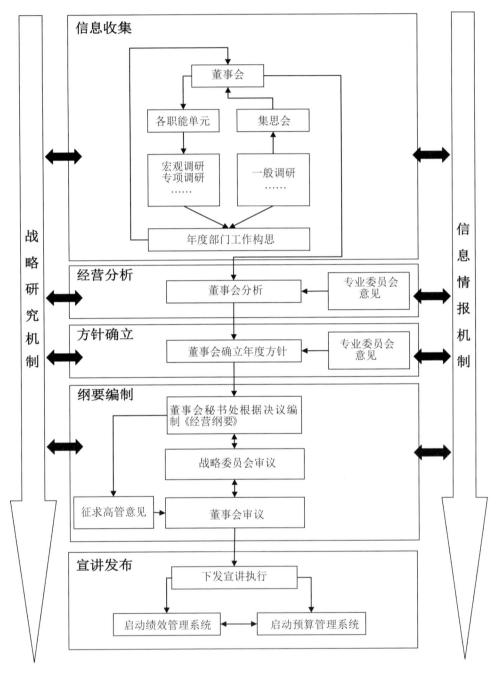

图 2-1　方针制定流程图

（1）信息收集。信息收集是方针制定的基础，全面、充分、及时、有效的信息更有助于作出正确的分析和判断。马应龙建立了全覆盖信息情报网，提倡全员参与的信息收集方式，并通过自上而下推动的信息获取和自下而上的信息提供制度，扩大信息收集覆盖面，基于全球范围内多形式、全方位的全息扫描和大数据分析，为决策提供充分依据。

（2）形势分析。正确的分析和判断是最终决策的基础。董事会及相关专业委员会将从多种渠道收集的相关信息，运用科学、合理的方法对经营的各个环节进行全面分析，综合考虑各种因素对企业营运的影响，把握经济变化的趋势、行业发展的走向以及企业自身的真实状况。

（3）方针确立。董事会根据分析的结果，结合专业委员会的建议，立足于企业实际确定年度方针和各项基本策略原则。

（4）纲要编制。董事会秘书处以董事会确立的年度方针及针对各项基本策略原则进行的解读为基础，在董事会指导下，结合战略委员会及公司高级管理人员的建议制定《经营纲要》作为方针详述的文本载体，并与相关部门沟通，递交战略委员会审议通过后，提交董事会讨论审核。

（5）方针宣导。董事会秘书处根据董事会决议下发《经营纲要》，组织各层级开展学习讨论，对不明之处接受咨询并讲解。配合预算及绩效相关单元依据《经营纲要》启动相关制定工作，开展执行。

在整个方针制定环节，战略研究和信息情报两个信息流贯穿流程的始终，对其进行支撑，这也逐步形成了马应龙经营中的两大机制：战略研究机制与信息情报机制，这两大机制不仅只在制定环节发挥重大的作用，它们将贯穿方针管理的始终。

2.1.4 战略研究机制

马应龙战略研究机制是以战略研究委员会为主导，外部战略顾问为支持，董事会秘书处工作为常态，内外结合以提供董事会进行相关战略制定的参议组织形式。

（1）战略委员会是董事会下设的专门委员会，主要负责对公司发展战略、长期规划及重大决策进行调查研究，向董事会提交决策建议，辅助董事会决策的开展。战略委员会是公司战略制定的主要智囊团，在方针制定中它除提供智力支撑之外，还负责对《经营纲要》提交董事会审批前的审议和修订，以保障《经营纲要》指导性。

（2）董事会秘书处在战略研究中起协调作用，依据决策层要求进行基础研究工作。它一方面根据董事会和战略委员会的要求对指定项目开展基础性研究，另一方面及时向董事会、战略委员会以及战略顾问提供相关原始凭证，为进行的研究提供相关的参考资料。

（3）战略顾问是公司聘请的外部专家、学者。他们从公司外部，以不同的视角对公司战略制定工作提出意见和建议。通过战略顾问，公司能够跳出固有的思维方式，以更宽广的视野去审视问题，从而使战略的制定更具指导性。

战略研究是一个持续的过程，它贯穿于公司经营的各个时期，指导方针制定、实施、总结的各个阶段，也从这些过程中不断汲取着营养。这是一个相互作用、相互支持的过程。简单地说，这是一个理论指导实践，再通过实践丰富理论的螺旋上升的过程，整个战略研究机制在这个螺旋中不断提升它的高度，并向着正确的方向发展。具体如图 2-2 所示。

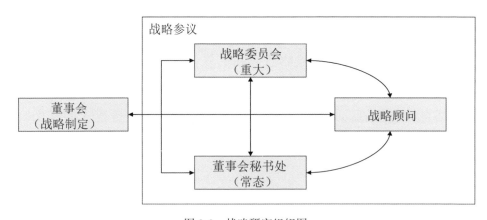

图 2-2　战略研究组织图

2.1.5　信息情报机制

在经营实践过程中，马应龙不断研究信息情报的搜集、处理机制，着力打造战略数据体系，通过构建覆盖全球的信息采集网络，围绕战略导向和客户需求，全面开展内外部价值信息情报的全息监测、采集、报送、分析与反馈，全面提升公司信息资源掌控能力、数据支撑能力和数据价值挖掘能力，为方针制定提供可靠依据。

（1）建立全覆盖信息采集网络。依托公司全产业链以及外部第三方资源，形成覆盖全球的信息采集网，在全球范围内全息扫描，采集外部信息情报和内部运营数据。具体如图2-3所示。

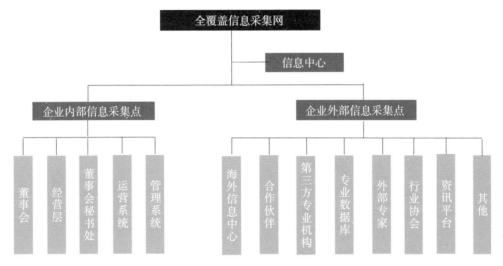

图2-3　全覆盖信息采集网

（2）建立健全统一规划、对口实施、统筹管理的信息情报管理方式，形成以信息中心为核心，各采集点密切配合信息收集、分析、反馈机制。信息情报管理基本活动流程如图2-4所示，各环节活动内容如表2-2所示。

信息情报工作的专业核心部门，负责统筹、协调信息收集、汇总、整理、分析、反馈等工作；各部门负责人是本部门信息情报管理的第一责任人，并由其指定一名信息专员，负责具体落实本部门业务相关信息的收集、整理、报送和分析送工作。

公司决策层可就与公司战略发展相关的专题向信息中心定制信息需求，信息中心根据信息管理工作程序向专业机构、外部专家以及公司有关部门信息专员组织信息情报的收集。有关部门信息专员应按要求完成有关信息的开发，形成专题分析报告。

也可根据信息跟踪情况，通过预约方式向各部门信息专员发出重要信息预约通知，提出预约信息的内容、撰写要求和报送时间。信息专员应按要求完成有关信息情报的收集、整理、分析，在约定时间内书面报送信息中心。

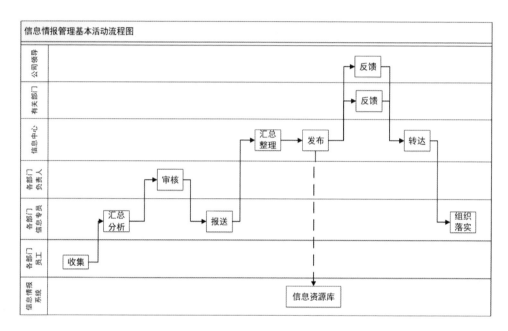

图 2-4 信息情报管理基本活动流程图

表 2-2　　　　　　　　　　信息情报管理基本活动内容

活动名称	执行角色	活 动 内 容
收集	各部门员工	各部门员工充分利用各种渠道和人际关系网络收集线上、线下的公开和非公开信息情报，并对收集的信息情报进行初步整理，随时报送所在部门信息专员
汇总分析	各部门信息专员	各部门信息专员对于收集到的原始信息情报及时进行筛选，按照标准化信息报送格式的要求进行信息编辑，并从各部门业务角度出发，对相关信息情报进行必要的分析后报所在部门负责人审核
审核	各部门负责人	各部门负责人审核本部门上报信息情报的内容，规避信息使用的法律风险

续表

活动名称	执行角色	活 动 内 容
报送	各部门信息专员	经部门负责人审核通过的信息情报，由信息专员按照标准报送格式向信息中心书面报送
接收	信息中心	信息中心设专人负责接收公司各部门报送的信息情报
汇总整理	信息中心	信息中心对各部门报送的信息情报进行登记、分类、汇总和整合，编写信息情报汇编资料
发布	信息中心	信息中心根据信息类别确定各部门报送信息情报的发布方式和发布范围，根据公司的管理层级、业务分工和岗位职能对各类信息进行分级使用和管理，定向发布
反馈	公司领导、有关部门	公司领导、有关部门对有关信息情报涉及的问题进行响应，提出处理方案或意见，反馈到信息中心
转达	信息中心	信息中心及时汇总信息使用各方反馈的意见及公司领导的指示，并转达到有关部门信息专员
组织落实	各部门信息专员	各部门信息专员根据各方反馈意见组织落实相关问题

（3）建立信息采集标准与规范，保障信息真实可靠。信息采集是战略数据体系运作中最基础的工作，信息采集的质量在信息分析的过程中将起到决定性作用。为保障信息质量和可靠性，明确信息采集点的职能职责，要求设立专门的信息专员，负责各信息采集点的信息采集汇总与报送工作；建立数据采集标准与规范，设计统一的数据报送格式，明确各信息采集点报送的信息必须保障真实、有效、及时、准确、安全；建立数据采集报送流程，明确数据报送的载体、时间节点和审核要求；建立数据评价标准，及时反馈给各信息采集点，提升信息采集质量；不断优化信息采集工具，提高信息采集的自动化、智能化，提高信息采集的效率。

（4）建立信息的发布机制，根据信息的性质选择相应的方式进行发布及相关后续处理工作，同时信息中心将及时汇总信息使用各方反馈的意见并转达到有关部门具体落实，并跟踪落实结果，以确保信息能够充分满足使用各方的需求。

（5）开展大数据分析与应用，挖掘信息价值，精准研判。根据公司战略目标，以客户需求为导向，通过对各方信息资源的科学洞察分析，辨认和筛选出具备可行性、高价值的机会点，比如发现新的领域，启发新的需求，改进或创造新的事物、方法、元素、路径、环境等，最终通过前瞻性布局而取得先发优势，实现价值增值。

2.2 信息收集

在方针制定过程中，信息情报系统是信息重要的来源渠道之一，但马应龙内部信息收集并不局限于此，多种方式并用是必需的手段，这其中调研和集思会所提供的信息在方针制定中发挥了巨大作用。

2.2.1 调研

调研是方针制定的前导，是决策的基础。马应龙通过不断地改进和完善，当前已形成以决策层调研为代表，全员参与其中的多层次、全方位的调研体系。公司通过在各层级开展持续不间断的调研全面了解自己、了解竞争对手、了解行业、了解整个宏观环境，为马应龙方针制定提供全面、充分、有效的信息，有力地支撑了方针制定，并为方针施行、总结提供必要支持。

根据调研对象和内容，将调研分为以下几个类别。

（1）宏观调研。宏观调研是公司针对经营环境的变化，对行业及相关行业的动态，由董事会组织相关部门配合进行的连续、有针对的跟踪研究，并根据研究结果向董事会及其下设相关委员会提交工作报告。同时，公司董事会也会根据实际的需要邀请外部专家参与到调研工作中，使所获取的信息在准确性和全面性上达到最优。

（2）项目专题调研。项目专题调研是根据某个研究专题或触发事件的需要，公司相关部门派遣专业人员进行的跟踪调研，获取大量一手数据，为决策提供数据支撑。

（3）一般性调研。一般性调研是指公司各层级对日常开展的经营工作进行的思考、调查和研究。一般性调研分为两个部分，一是公司相关部门进行的例行调查和研究，比如市场监察部门例行的市场巡检、审计部门例行的费用调查。另外一个重要的部分则是员工自发的工作思考，既能有助于日常工作高质高效地开展，也能充分发挥员工的主观能动性，为方针的制定提供了重要的、内容丰富的信息来源。因此，马应龙在日常的工作中不断地鼓励员工要爱思考、勤思考。

案例 2-3

"中国成人常见肛肠疾病流行病学"专项调研

肛肠疾病是一种常见病和多发病，民间就有"十人九痔"之说，但就其医患状况却没有科学的数据支持，这直接影响了国家公共卫生政策和产业发展规划的制定。作为一家以肛肠领域为核心定位并致力于为肛肠疾病患者提供专业化、个性化服务的品牌企业，公司与中华中医药学会肛肠分会联合组织中国成人常见肛肠疾病流行病学调查，为此成立了专门小组，由董事长牵头，相关方面负责人担任组员。

此次调查于 2011 年 11 月 4 日在长沙举行的肛肠学会的全国会议上正式启动，历经两年半的时间，完成了包括新疆、西藏在内的全国 31 个省、自治区、直辖市的调查，共获得有效样本 68906 例，并通过近八年的时间由流调专家对所有的结果进行了系统的分析和总结。

最终结果显示，我国 18 周岁以上（含）的城镇社区居民及农村居民中的常住人口，肛肠疾病患病率高达 50.1%，78% 的居民没有接触到肛肠健康科普知识，46% 的患者认为痔疮是小病没必要大惊小怪，24% 的患者认为痔疮涉及隐私不好意思就诊。值得高度关注的是，高达 64.3% 的患者发病后没有采取任何治疗措施。

公司对本次流调结果非常重视，并据此修订了新的战略规划。公司通过本次调查进一步明确了肛肠疾病患者的需要和肛肠保健需求，通过完善多元化的产品和服务组合，为肛肠疾病患者提供专业化、个性化服务，不断创新商业营运模式，完善肛肠健康方案提供商体系。

2015 年，借助互联网的发展，公司前瞻性地布局移动医疗，充分利用系列产品、连锁医院、零售药房、电商平台等独特的线上和线下资源，在肛肠及下消化道领域为用户提供重度闭合的健康垂直服务，为患者在健康期、亚健康期、初病期、中病期、重病期和康复期等提供全方位一站式的贴心服务。公司将在互联网的大背景下，力争转型为肛肠健康方案提供商，担当中国医药产业发展的探路者。

对于公司经营决策机构，包括董事会及其下设委员会和高级经营层，常用的调研方式以约谈、市场调查、对标研究、文献研究为主。

（1）约谈。调研者将就自己关心的问题约请当事部门负责人或熟知情况的员工进行共同探讨，其目的是为了更深入和真实地还原一线实际情况，充分了解公司当前的优势和不足。

（2）市场调查。作为业务主管经理，必须深入市场一线，了解公司当前产品的市场动态，了解市场发展趋势，了解主要竞争对手的动向，了解消费者的需求变化，充分认识市场和发现市场。

（3）对标研究。重点开展对标杆市场、标杆企业的针对性研究，包括发展历史和逻辑、驱动因素、现状特征、未来发展趋势等，通过对标研究获取经验与启示，发现机会，对马应龙未来产业规划提供可借鉴的发展路径。

（4）文献研究。这里所指的文献，是各级政府、监管机构出台的影响行业动态的一系列文件及其解读，以及相关专家、负责人对此的解释和说明，通过对这些文件的研究，总体把握未来相关领域的发展方向。

持续、全面、深入的调研工作，是马应龙制定正确决策的坚实基础。正是由于其在方针制定工作中的重要性，对于调研工作重点强调要立足于最根本的事实，要严格、仔细和慎重，力求能够全面真实地反应最原始的情况。

案例 2-4

市场营销战略：由单纯销售走向全面市场营销

1995 年年初，公司只有三个独立的销售科，销售人员占比不足 5%，整个公司全国销售的 90% 依赖于武汉两家医药公司，没有也无法建立自身的全国销售网络。那时的马应龙是一个典型的生产观念主导企业，以产定销的经营模式经常诱发产销之间的矛盾，经营发展受到了极大的制约。

面对这样的情况，公司高层一方面在全国进行走访，另一方面加快对市场的深入研究，采取一系列措施改变这种状况。公司确立了以销定产的经销模式，扭转机制，提出"先销售后生产，先生产后生活"的资源保障口号，将有限的资源向销售倾斜。同时，公司对原有销售机构进行扩充，细分职能，成立销售法务部，着力降低应收账款占比，并在此后逐步建立了包括商务部、公共事务部、客服部、市场策划部等多部室的系统销售体系。公司还通过多渠道筹措资金，在全国设立办事机构，建立覆盖全国的销售网络，建立并逐步完善经销商的分级管理制度。

通过这一系列措施，公司年度销售收入从 3000 万元到超过 27 亿元，并与区域重点经销商建立了良好的战略合作伙伴关系，同时建立了物流资金流相对分离的管理机制，销售人员占比也提高到 50%。公司主打产品 OTC 市场占有率超过 40%，成为中国治痔类市场的领导品牌。

2.2.2 集思会

集思会，是指一系列定期信息收集活动的统称。根据信息来源渠道的不同划分为三类：来自公司各职能单元的建议书，来自专门委员会的建议书以及来自广大基层一线员工的建议书。本节所指的集思会主要是针对广大基层一线员工所设立的建议收集平台。

在实际的工作中我们努力通过多种形式开展集思活动，不断扩宽集思的平台。当前比较常用的主要有四种方式：年度集思会、价值发现信息采集、营销沙龙、产业链论坛。

（1）年度集思会。年度集思会是公司于每年9月定期召开的员工集思活动，员工可围绕"公司发展战略、商业模式、管理体制、基本制度、资源整合、企业文化"等方面向公司提交建议书。建议和意见的内容必须具有科学性、前瞻性和严肃性，具有研究和推广的价值，有问题阐述、情况分析和对策建议；建议和意见的表述必须实事求是，对策切实可行，可操作性强，内容应条例清晰、观点鲜明。公司鼓励和提倡各级员工积极参与到这项活动中，同时要求主管及以上的员工必须向公司提出相关的意见和建议。

（2）价值发现信息采集。每季度由各信息采集点，围绕战略领域，开展有关宏观政策、产业发展、消费趋势、市场研究四大类信息采集分析，由信息专员汇总和报送至信息中心，侧重于发现市场机会点、投资机会点和内部增值机会点。公司鼓励和提倡所有员工在日常工作中主动地、常态化地开展发现价值信息采集分析，这种形式一方面可构建发现价值信息的采集与反馈通路，实现信息顺畅传递，另一方面充分发挥各信息采集点对信息的敏感度和能动性，结合工作实际需求，主动搜集价值信息。此外，基于信息平台实现价值信息共享，可提高信息的利用率，最终实现信息最大化价值变现。

（3）营销沙龙。根据销售情势的变化，组织专业销售人员开展的集思活动。这是一种集"主题演讲"和"创新案例大赛"于一体的一种新集思形式，它的参加人员主要固定于销售一线的工作者，通过分享经验和交流心得，促进销售人员成长，提升团队凝聚力。

（4）产业链论坛。公司每半年度均会组织开展公司级别、中心级别的产业链论坛，围绕论坛主题组织开展外部先进技术、理念、企业应用等相关主题演讲与交流，对相关单元未来的发展和经营思路提出启示与经验借鉴。

虽然以上几种集思活动的侧重点和提供的信息有所不同，但它们都有一个共同的特点，那就是将来自一线员工在日常工作中对问题的思考转变成有利于公司经营活动开展的各种信息。同时，集思会的开展也是员工展现自身才华的舞台，并为公司发现和提拔人才提供了良好的平台。

2.3 经营分析

经营分析，是指通过对内、外部信息进行整理、分析，对未来时期内的经营环境作出适当的预期，并对企业的实际经营状况作出判断，为制定合理的工作方案提供支持。

2.3.1 分析的基本框架

当从不同渠道得来的信息汇集到一起，其数量既为决策提供了有力的支持，又极强地干扰了决策进行。如何从纷繁复杂的信息之中，快速发现有用的部分，避免过多旁支细节干扰了分析的开展，从而有效利用有限的资源进行高效分析往往是非常困难的。

马应龙长期以来通过不断摸索实践，逐步形成了一套自身的分析框架，在一定程度上有效地对大量信息进行快速筛检，及时提炼出有效信息，并进行高效、准确的分析，确保了对决策的支持效果。这里简单介绍两种比较常用的分析框架："三本位"分析框架、"十字"分析框架。

1. "三本位"分析框架

三本位分析框架，是指围绕"人"这个核心，综合考虑如何在"战略、制度和文化"这个三个基本层面采取积极有效的措施，充分调动人的主观能动性，做到管理的规范和尊重，并对其思想加以引导，从而达成企业的经营目标。

在战略上调动人的积极性。任何战略的制定，必须着眼于现在和未来，切合自身的实际，符合历史的发展方向，才能积极有效地调动工作人员投身于其中，因此考虑问题的第一个本位就是：制定的战略是否符合时宜，能否充分调动员工的积极性去为之奋斗。

在制度上做到对人的尊重。这里所说的尊重指的是制度以人为本，制度建立的目的是更好地鼓励人在合规的框架之内最大限度地发挥他的创造价值，而不是去限制、约束和捆绑他的手脚和思维。因此，在分析的框架中，需要考虑制度是否合理，如何完善才能使其更合理、更有利于员工开展工作。

在文化上引导人的思想。企业的文化是比制度、组织更为强大的驱动力量。因此，在进行分析时，必须充分考虑到企业文化的作用，各项工作要利于培养和塑造具有先进的具备强大竞争力的企业文化，将公司400多年"真、勤"的文化内涵深深地置于其中，引导公司在良性的轨道上持续不断地前进。

通过对三本位的综合考量，能够对信息进行快速地分拣配对，从而提高分析的效率，并保证对分析的支持。三本位分析框架如图2-5所示。

图 2-5 三本位分析框架图

2. "十字"分析框架

十字分析框架，是指将市场和产业作为一条主线，将资源和方法作为纵贯始终的支撑组成一个十字。如果将分析的范围看作一个人的话，市场和产业则是支撑他的躯干，而资源和方法就是他的左右手。具体如图2-6所示。

（1）市场与客户，可以被视为企业的定位，如何进行有效的市场细分，并在这些细分市场中寻找合适于自身的目标市场，进而发现目标客户

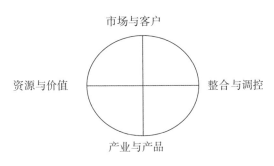

图 2-6 十字分析框架图

群，并基于此开展相关工作。

（2）产业与产品，是指综合考虑现有的产业结构和未来可能发生的变化，因为这将直接体现出消费观念和层次的改变。综合考虑企业可以提供的所有产品组合，使其能够最大限度地满足目标市场的需求，并开发出潜在的顾客和消费群体。

（3）资源与价值，指的是企业所能掌控的内容，包含企业的产品、品牌、人脉等涉及企业经营的方方面面资源，通过整合优化，它们可以为企业带来更多的价值和增长点。

（4）整合与调控，是指综合考虑公司可以调动的各种资源，对它们进行有机的整合和调控，使之做到最大限度地产出，从而推动公司的发展。

需要指出的是，分析框架本身的基点之间是相互联系的，这就要求我们要合理使用统分的方法去利用框架，要正确放入各种针对性因素，才能使最终获得的分析结果可以有效支撑企业的决策。

案例 2-5

品牌经营，中华老字号换新颜

品牌是企业最为重要的资产之一，是企业核心的战略资源。"马应龙"品牌传承 400 年，是马应龙最重要的战略资源之一。但在

1995 年，公司仍沿用武汉三制药厂的名称，并未恢复马应龙品牌，公司内部的品牌意识处于朦胧阶段，相关经营工作的开展也处于原始的对商誉和名声的维护，没有形成品牌经营战略与思路，更不用谈制度和机制保障。

1996 年，公司从三制药厂恢复为"马应龙"，正式重新启用这流传 400 年的商号，并在实践的过程中着手制定公司品牌经营战略。2000 年，公司全面推进品牌经营战略，并提出"以肛肠治痔领域为核心"的品牌定位思路，以清晰明确的市场定位，卓越的产品品质赢得市场，并以市场需求为向导，以客户为中心配置企业资源。公司不断深化品牌经营战略，公司于 2002 年制定《马应龙品牌经营战略纲要》，对"马应龙"品牌的整合、传播、利用进行全面的规划。同时建立五大保障体系，确保品牌经营战略的顺利推进和实施。

公司恢复马应龙商号第一年即获评中华老字号，并在首届老字号品牌价值排行榜中名列 17 位；2006 年，马应龙荣获国家工商总局认定的"中国驰名商标"，成为中国治痔领域唯一的"中国驰名商标"；2020 年公司连续 17 年入选"中国 500 最具价值品牌"，品牌价值达 413.52 亿。聚焦经营的品牌战略同时塑造了马应龙在肛肠治痔领域的专家形象，在整个痔疮药品市场中占据超过 40% 的份额，稳居治痔领域的第一品牌。

2.3.2 三关键分析法

对于企业经营而言，一般来说，常用的分析方法主要有 PEST 分析、SWOT 分析、BCG 矩阵分析、竞争因素分析等，它们都具备很强的操作性和指导性。但在实际运用中，由于企业自身环境和人员素质等的差异，单一使用某一种分析方法往往都存在或多或少的欠缺和不足，难以全面有效地指导相关工作的开展。

马应龙通过多年的实践操作，根据各种方法的特点，结合自身的实际情况，围绕以发展为核心的主旨，运用加减法的基本思想对各种方法进行适当的调整、修改和融合，逐步形成了一套适合马应龙自身实际的分析方法，即"三关键法"。

"三关键法"是突出关键，内外结合，抓大放小的一种分析方法，它强调了对关键事件、关键问题、关键因素分析的作用，进而引导决策的制定，促进企业目标的实现。

1. 关键事件

所谓关键事件就是指那些能够影响企业发展的外部环境的重大变化，它们的发生促使整个行业发生剧烈的变化，或者是与行业紧密相关的其他重大变化，它们间接影响到企业的生存环境，这些是企业必须把握的趋势，是众多政策制定的基础。

对关键事件的分析要求充分深入地了解当前社会综合环境情况，对经济、技术、行业发展的趋势有所把握和洞察，要深刻明白这种趋势导致各种竞争力量的变化程度，并对企业当前面临的挑战和机遇作出正确的判断。

2. 关键问题

关键问题指的是存在于企业内部，影响企业发展的瓶颈和短板。特别在企业所面临的环境已经或者即将发生重大变化的时候，这些矛盾将表现得特别突出，甚至将直接威胁企业的生存，因此，作为企业必须进行细致和深入的分析并加以确定。

对关键问题的分析要侧重于发现企业内部的瓶颈和短板，准确地抓住制约企业在当前和未来环境发展的主要矛盾和矛盾的主要方面，清楚企业自身存在的不足和劣势，了解企业各个板块在企业中的位置以及它们的作用和相互之间的联系。

3. 关键因素

关键因素是解决问题的本质要求，是对决定事物成败最为重要条件的把握。利用有限的条件，去夺取胜利果实最重要的一环在于在充分认知自身的情况下，有效地协调和利用所掌握的资源。

对关键因素的分析要在准确把握问题的基础上，抓住核心和关键，立足于企业自身的实际情况，正确地回答在内外因素作用下"做什么，如何去做"这两个基本的问题。

通过对三个"关键"的综合考虑，能够较为全面地掌握当前外部环境变化产生的影响，充分发现制约企业发展的瓶颈，并对自身的资源进行优化配置。同时要指出的是，三个"关键"并不是渐进地从外而内地推动，它存在于企业经营的各个方面，贯穿于企业经营的始终。因此，在分析的过程中也要进行合理的分割和整合。

案例 2-6

推动公司快速发展的资本经营战略

1995 年，企业并购重组在中国仍然是件新鲜事，地方国企改革举步维艰，资本经营的思想在中国还处于起步阶段。

1995 年，企业改制后，面对企业规模过小发展的瓶颈和缺衣少弹的窘境，公司董事会率先提出"以产业经营为基础，以资本经营为超常规发展手段"的资本经营战略，明确"资本证券化，证券国际化"的经营思想。公司一方面建立多渠道的投融资体系，积极获取资本市场资金支持企业的发展；另一方面通过资本杠杆收购兼并的方式来控股经营，寻找优势互补的企业进行整合重组，同时对上下游资源进行整合，完善经营功能，完善公司治理结构。

一系列手段的实施，使公司在三年内资产负债率即从 70% 以上下降到 30% 以下，资产结构和财务状况不断优化。并于 2004 年在上海证券交易所上市，成为一家社会公众公司，获得持续融资的通道和规范营运的平台，实现资产证券化目标。目前，公司已形成以工业产业为本，商业产业、诊疗产业和大健康产业为延伸的板块构建，所属公司数量超过 30 家，涉足医药制造、医药销售、医疗诊断与服务、健康护理、化妆品制造及销售等诸多领域，有效促进了公司产业规模及竞争力的不断提升。

2.4 方针确立

方针的确立是方针制定过程中最为重要的环节。作为指导公司在未来一年内相关工作开展的基本原则,将对经营发展起决定性的作用,因此最终的决策必须审慎和严肃。

在实践中,马应龙年度方针的决策包含着很多的方面,一方面它被视为短期的战略指导原则需要考虑对公司长期战略的支持,另一方面又必须考虑到外部因素对企业所产生的影响,采用相对细化的指导原则以指导公司各板块开展相关的工作。因此,马应龙年度方针的决策是一个集战略和基础工作于一体,包含确定和不确定的集合。

在马应龙的组织架构设置中,董事会下设八个专业委员会(表 2-3),马应龙通过多年的实践,将董事会和各个专业委员会有机地结合起来,形成了一个以董事会为主导,专业委员会积极参与的二元复合的方针确立决策组织,确保了年度方针制定的正确性和可控性,使其能够积极有效地指导相关工作的开展,促进企业又快又好地发展。

表 2-3 八大专业委员会职能列表

委员会	主 要 职 能
战略委员会	负责对公司发展战略、长期规划及重大决策进行调查研究,并向董事会提交决策建议
提名委员会	负责对公司董事和经理人员的备选人、选择标准和程序进行调研分析并向董事会提出建议
薪酬与考核委员会	负责审查公司经理人员考核方案提交董事会通过后督导实施,负责审查公司经理人员的薪酬政策与方案并对董事会提出建议
审计委员会	负责公司内外部审计的沟通、监督和核查工作
投资管理委员会	负责对公司投资决策进行研究并提出建议,为董事会决策提供专业支持

续表

委员会	主 要 职 能
品牌管理委员会	负责针对品牌管理、市场营销等的重大决策事项，是品牌管理的决策议事机构
风险管理委员会	负责研究制定公司总体内部控制和风险管理制度，完善公司风险控制体系，审查公司经营管理和业务运作，监督公司内部风险控制制度的执行情况，统筹公司危机公关和舆情风险控制工作
创新管理管理会	负责统筹公司创新工作，制定创新目标，审核创新提案，制定相关战略，并对具体工作开展进行督导和核查

1. 董事会的作用

作为公司决策的最高机构，董事会将最终审议并就年度方针最终确立进行表决。董事会作为企业战略制定的主体，是公司前进的"领航人"，负责牵头制定切实可行、风险可控的公司战略决策，并采用行之有效的手段进行督导。董事会通过对来自各方的信息情报进行全面、深入、综合的分析，广泛咨询一线工作人员的建议，结合专业委员会的意见，对方针备选方案进行审慎的评议和讨论，并最终确立工作方针。

2. 专业委员会的作用

专业委员会是董事会下属的专项领域参谋团队，由相关专业背景的董事及其他专业人员根据专业委员会规则组成，是方针和其他重大决策制定的重要咨询机构和督导机构，为董事会制定正确的方针并促使其得到正确的实施保驾护航。

专业委员会除作为公司最高决策的参谋机构，对公司重大决策提供咨询和建议外，专业委员会的委员还将参与到公司许多日常工作之中。正是这种深层次的参与，委员会委员对公司经营情况能够有更充分的了解，使专业委员会的咨询议事功能如虎添翼。

同时，专业委员会的设立需要与时俱进，要不断地根据内外环境的变化进行适当的调整，上述的八个专业委员会正是在马应龙多年的经营发展过程中逐步建立和发展的，也将随着时间的前进而更加完善。

2.5 纲要编制

《经营纲要》是马应龙方针管理模式中最为重要的文本之一，它是方针的详述文本载体。通过对工作的总结和环境的分析，论辩地引出年度方针，并对其进行解读，进而对各板块工作进行原则上的安排和布置。

《经营纲要》根据董事会决议所提出的主导方针和策略原则的解读，结合各部提交的年度工作修订、整理而成，通过董事会讨论表决通过后，作为董事会当年度一号文下发各单元执行。

2.5.1 纲要编制原则

《经营纲要》作为年度工作的纲领性文件，编制必须符合全面、准确、可控的原则。

全面原则包含两个内容，一是指《经营纲要》的制定工作必须对公司经营的各个板块做到全部覆盖，不能有遗漏和缺失，保证公司经营的协调发展；另一方面是指编制必须充分地反映年度方针的原则思想，做到对工作开展的有效指导。

准确原则是指《经营纲要》的内容和文字必须做到准确无误，能够正确、详尽地描述各板块工作的基本指导策略，不会对相关营运单元产生错误指引，从而确保相关工作的顺利开展。

可控原则是指《经营纲要》中所提出的基本策略必须具备可操作性，在充分考虑公司内外的实际情况的基础上，面向产业、立足自身开展定制，务求能够有效、有力推动工作的发展。

2.5.2 纲要编制流程

《经营纲要》作为年度工作的指导文件，在制定之初即需要与公司各方进行反复、深入的沟通和交流，以便能够切实地把握工作的重点和方向，从而作出建设性的指导意见；在策略原则的基础上，对各单元提交的年度计划进行修改和补充，使之能符合方针的指导方向。纲要编制流程具体如图 2-7 所示。

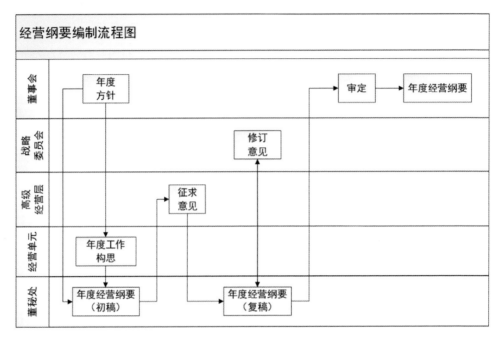

图 2-7　《经营纲要》编制流程图

董事会秘书处是《经营纲要》编制的协调和执笔部门。纲要编制各基本环节参与部门及主要职责如表 2-4 所示。

表 2-4　　　　　　　　经营纲要编制流程节点说明

活动名称	执行人	职 责 内 容
年度方针	董事会	董事会制定年度经营方针，并下发各级经营层及董事会秘书处，并对年度方针进行阐述
年度工作构思	经营单元	各经营单元根据对年度方针的理解，结合本单元实际工作，制定年度部门工作构思提交至董事会秘书处
经营纲要（初稿）	董事会秘书处	董事会秘书处根据年度方针，结合各单元提交的工作构思，编撰《年度经营纲要（初稿）》，并发送至高级经营层征求意见

活动名称	执行人	职 责 内 容
征求意见	高级经营层	高级经营层对董事会秘书处所提交的纲要初稿中各自所辖板块内容进行审议，并反馈修订意见
经营纲要（复稿）	董事会秘书处	董事会秘书处根据高级经营层所反馈的建议，对经营纲要酌情进行修改，并提交战略委员会审议，并根据战略委员会的建议进行修订
修订意见	战略委员会	战略委员会对董事会秘书处提交的纲要复稿进行审议，提出修订意见并反馈修改，直至无修订意见后提交董事会审批
审定	董事会	董事会对战略委员会审议通过后的《经营纲要》进行审定，通过后以年度马药董字 1 号文下发执行

2.5.3 经营纲要组成

作为公司最重要的经营工作文本，《经营纲要》主要包括分析、方针与原则、工作内容及绩效任务四个部分。具体如图 2-8 所示。

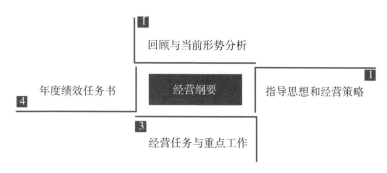

图 2-8　经营纲要行文结构

回顾与当前形势分析。通过对上年度工作的总结，发现和指出工作存在的问题，汲取经验和教训。同时，对本年度企业经营形势进行分析，论述当前外部变化的态势，并简要介绍对公司经营的影响。通过两方面的结合，为经营纲要作出前提性论断。

指导思想和经营策略。这部分是全篇的指导，开宗明义地指出本年度工作的指导思想，例如 2019 年提出了"促转型、防风险、提效率"的经营方针，经营策略主要从"强化战略导向，加快转型升级；强化风险意识，提升风险管理能力；强化人才和机制管理，提高组织运行效率"三个方面作出详细的解读，使相关单元能够充分、正确地理解年度方针的内涵。

经营任务及重点工作。此部分是将简明的方针转化为具体的年度经营任务和重点工作内容，这是经营纲要的重点篇幅。在经营任务及重点工作中明确提出年度公司整体工作目标，并将年度经营策略融入各板块的工作当中，将整体目标分解到各板块之中的同时，详细阐述各板块年度工作的基本指导思想和策略。

年度绩效责任书。其是《经营纲要》最后一个部分，它将年度工作转化为可衡量的指标，同时为绩效管理提供考评各部绩效完成情况提供原始的依据，也为预算管理提供各部配备资源的参考。

附录所展示的是公司《2017 年度经营纲要》，它将有利于我们更好地理解纲要的格式及主要内容。

2.6 方针宣导

方针宣导是方针制定工作的最终环节，宣导工作有两个主要的方面：发布方针，解读答疑。方针宣导将董事会对公司一年工作思路进行传达，指导公司各单元进行工作安排。

2.6.1 发布经营纲要

《经营纲要》作为方针的文本载体，是方针对外发布的对象和主体，是董事会一年工作安排的详细文本，是全年工作的操作指南，是绩效的制定和核查的根本依据。《经营纲要》对外发布主要有以下三个作用。

（1）《经营纲要》详细描述了方针指导下的基本策略和原则，使公司各级员工充分理解和明了年度工作目标和主要工作方向。

（2）实现与绩效管理系统和预算管理系统的对接，将年度工作任务通过绩效管理和预算管理进行分解，并配备资源，推动年度工作的进展。

（3）提供工作总结和核查的基本依据。《经营纲要》作为工作的指导文件和公司总的任务书为工作的总结和核查提供了最原始的凭证，接受广大员工的监督和检查。

经营纲要发布分为三个阶段：纲要宣讲、文本发布、对接落实。

第一阶段：纲要宣讲。由董事会秘书处组织，董事长亲自主持年度经营纲要核心内容的发布与解读，从宏观经营到公司实际进行全面的形势分析，以便使各级人员能够充分理解纲要制定的基础和依据，更好地理解纲要所涉及的核心内容。经营纲要宣讲会要求所有管理人员必须全部到场，其目的是为了使管理人员能够深入地理解方针政策的内涵以便在日常的执行中作出与之相适应的决策。

第二阶段：文本发布。这个阶段以董事会当年年度第一号文将年度经营纲要以制度形式下发到公司各个个体，使《经营纲要》以法定的形式对外展现，指导、规范和约束相关的经营运作行为，协调其向公司整体目标前进。

第三阶段：对接落实。由董事会秘书处将《经营纲要》转送至绩效管理系统和预算管理系统，这两大系统将随之开展工作，将公司整体目标进行逐层的分解，落实到每个员工的身上，同时对相关工作配备必要的资源，推动工作的完成。

2.6.2 学习与答疑

深入贯彻方针的前提是对方针本身有着深刻的领会。因此，纲要发布后，公司将会在各个层级组织员工进行学习。学习的目的主要包括以下几个方面。

（1）深入领会方针制定的基础。看清事物的本质是理解事物最好的方式，通过学习，要使各层级员工对方针制定所依据的企业内外现实情况进行了解。这同时要求员工不仅要知道本职工作领域内的相关情况，还要对相关领域有一定的了解。

（2）理解方针政策的基本原则。纲要只是依据方针对各个领域的基本政策进行描述，简洁但具有很强原则性。通过学习，使员工把握政策的原则，在原则的基础上制定相应的执行方法。同时及时发现对方针原则中的疑惑，并与起草部门进行沟通了解，避免在执行的过程中出现偏差。

（3）群策群力贯彻落实方针。对纲要学习的主要目的还在于通过学习这种手段，使同一个领域内的所有员工能够在一起发挥集体的智慧，在寻找如何落实政策的基础上，采取创造性的手段更好地推进工作的开展。同时，也使各员工能够对当年的绩效任务有所把握，扎实做好各项工作准备。

在各层级开展学习的同时，董事会秘书处也将做好相关的准备，针对各单元对方针中的疑惑之处进行解答。答疑工作将通过各种形式进行，其宗旨可以概括为将正确的信息正确地传递给咨询者，并确保其产生正确的理解。正因为如此，参与答疑的工作人员必须完整、清晰、明确地了解方针制定的各项依据，对方针政策的把握必须准确到位，同时要掌握必要的沟通技巧，注重语言表达能力的提高，避免在答疑的过程中对咨询单位有所误导，确保咨询者能够准确地理解政策的含义。

学习和答疑是方针宣导中最为重要的环节之一。通过对纲要的学习，使各层级员工深入了解方针制定的基础，把握方针的基本原则，做好方针执行的各项准备。通过答疑使各层级员工正确地理解纲要的内容，同时对已经产生的偏差进行及时的修正，确保方针正确被执行。

2.6.3 宣传巩固

在各方学习与答疑的同时，公司宣传部门将利用所掌握的各种手段配合进行广泛的宣传。这些宣传与公司所进行的发文、宣讲与答疑不同，它侧重于利用多种形式对方针内容进行通俗化的解读，使员工更容易接受和理解。这些多样化宣传手段具有不可比拟的多种优势。

（1）有利于延展教育的时间。通过公司月刊这一员工喜爱的读物，使员工能够随时对方针的情况有所了解，而不用等到固定的时间以固定的方式去了解，拓宽了员工时间利用的长度和宽度。

（2）有利于加强员工的理解。正式的文本往往过于抽象化和具体化，难以具备形象化优势，因此在制度文本之外配合相关的宣传，可以对员工进行更为深刻的教育，帮助员工提高理解层次。

（3）有利于提高员工接受程度。制度文本由于其本身的特性是枯燥的，不利于公司调动员工参与学习的积极性。因此，把握员工的特点，采用员工喜闻乐见的方式开展宣传将是使员工接受方针学习的重要推动力。

总的来说，方针的宣讲发布是方针制定工作中看似简单，但却非常重要的一个环节。宣讲发布的效果将对工作计划的制订产生直接的影响，甚至更深层次地影响执行的过程，必须在思想上予以高度的重视。

3 方针实施环节

制定方针的根本目的是指导经营工作的实践。通过《经营纲要》将经营思想转变为具体的操作指导，在经营的各个过程中发挥指引作用，推动经营工作的持续开展。在经营实践中，马应龙逐步形成一套围绕方针开展工作的体制机制，有力地推动了各项工作的施行。

3.1 方针实施概述

方针实施过程是公司一整年的经营过程，而三维三力价值创造体系作为方针管理的承载体，通过对各组织功能和工作流程的信息传递与反馈、工作中各个关键环节和辅助支撑部分的论述，将有助于各部门对马应龙整个经营工作有更为全面的了解，也可以对方针是如何得到有效贯彻有更清晰的认识。

3.1.1 实施的基本原则

在方针实施的过程中，必须将理论与实践有效地结合，将方针的指导原则在实际的工作中进行细化，将工作任务和重点分解到具体组织结构和工作事项中，促进工作在各营运板块之间协调落实，采取必要的手段实时跟踪研究，及时进行调整，不断加强整体执行水平建设。

马应龙要求各单元在方针执行中，围绕结合、落实、协同的原则，根据各单元自身实际情况酌情对战术进行调整，鼓励各单元积极创新方式方法，更好地完成公司的既定目标。

1. 结合

工作的计划安排要结合方针的指导原则开展。方针对公司整体工作进行了统筹布置，各部门需要按照方针既定的原则制订本部门的工作计划，以确保公司整体目标的达成。

2. 落实

所有计划安排的最终目的是执行，没有落实的计划安排只是一纸空文，对于企业没有任何实际的意义。如何将计划有效地贯彻在工作之中，是执行过程中需要重点考虑的问题，也是公司对各营运单元的基本要求。

3. 协同

企业是一部精密的机器，它运转是否高效取决于组成它的各个部件之间有效的分工合作。马应龙要求各部门在本部门职责的基础上，做好与其他部门的协同配合，共同推进公司整体目标的达成。

3.1.2 实施的基本步骤

马应龙将方针的实施分为五个部分：计划、执行、督导、协同和调整，在绩效管理和预算管理系统的支撑下开展，具体流程如图 3-1 所示。

计划即是指根据方针的指导原则和各组织功能价值，对公司年度工作目标进行任务划分，根据实际情况，通过科学预测，制订详细的工作方案，形成高层绩效任务书及各级绩效任务书。

执行是公司各部门和子公司，根据计划制订的要求，稳定有序地推进各项工作。

督导是公司对经营工作的开展，特别是对重点环节和重点任务采取一定的手段进行监督检查，在核实情况的同时，积极制定措施推进工作的发展，确保经营通路的畅通。

协同指对绩效任务中涉及多部门的项目以项目制等多种方式进行推进，并通过一定的手段在各部之间进行协调处理，确保项目如期完成。

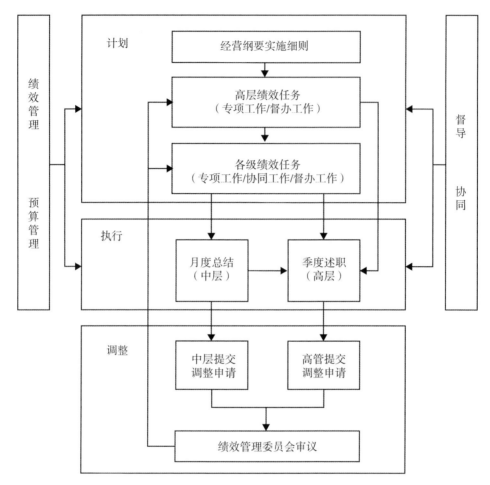

图 3-1　方针实施流程图

　　调整是指随着经营工作的深入进行，外部的环境将会发生变化，因此要与时俱进地对工作目标进行调整和优化。但需要指出的是这种调整仅是在方针原则下的局部调整，除非遭遇到极为重大的社会经济环境变迁，方针的指导原则和基本策略将不会发生变化。

　　在方针实施的整个过程中，绩效管理与预算管理系统将作为支撑贯穿于其中，对实施的过程进行监督和指引，确保实施能够在合理高效的资源利用基础上达成既定目标。

3.1.3 控制和协调机制

在多年的经营实践过程中，马应龙对方针实施过程控制的体制机制不断地进行探索和研究，当前基本上形成以督办工作机制、约谈工作机制与例会制度三大制度为主体的实施控制体制。

督办工作机制通过对专题事项的督办，合理引导和敦促相关责任人按期保质保量完成影响公司经营活动的重大任务，以推动公司经营的顺利进行。

约谈工作机制是为了随时应对外部情况发生的变化，由董事长或相关负责人就某个事件或问题，约请相关当事责任人就工作进展情况进行询问和探讨，为下一步工作安排和部署收集意见和建议的机制，它是在方针指导下对经营重点调控的重要基础。

例会制度则是公司为随时了解工作进展状态，采取必要的措施和手段对相关工作进行协调布置的一种方式。这也是当代诸多公司采用较多的工作方法之一。

在整个纲要实施过程中，董事会、专业委员会及经营层将根据各事项发展动态，对相关工作进行审议和决策，制定相关政策，适时对实施工作进行指导和调整，以确保工作的顺利开展并达成最终的目标。

公司董事会是实施过程的绝对控制机构，是经营的大脑和中枢。需要随时跟踪和了解工作进展状况，实时把握内外部环境动态变化，适时组织开展调研，及时对公司经营工作中出现的问题和不足进行纠正和调整，从而促使工作的顺畅开展，促进目标达成。

董事会秘书处和总经理办公室则是实施过程中公司层面的主要协调部门，从公司经营的不同层面对信息进行流转，并进行工作上的协调：董事会秘书处负责对董事会指定事项进行调研，代表董事会与相关部门进行约谈了解工作开展情况，并形成书面汇报提交董事会审议；及时跟踪了解公司经营工作进展情况，组织和协调公司相关工作会议，及时向董事会传递相关信息并向下准确传达董事会决策。总经理办公室负责对公司日常工作

开展的协调，了解和掌握公司日常运转状况，组织协调公司各部之间工作，及时向公司总经理传递相关信息并向下准确传达总经理工作安排。

3.2 计划

计划是对《经营纲要》的分解和细化，制订相关的工作方案，推动工作在方针指导下稳步开展，从而实现既定的工作目标。计划也是对任务进行分解，制定各级绩效任务并配置相关资源的过程，对此将在相关章节具体阐述。

3.2.1 计划制订原则

本章所指计划更偏向于战术性运作，其目的在于将公司既定的整体工作目标有层次，有步骤地拆分开来，并按照既定的策略原则，根据目标本身的特点制订相应的方案。正如美国管理学家哈罗德·孔茨所言：计划工作是一座桥梁，它把我们所处的这岸和我们要去的对岸连接起来，以克服这一天堑。

一般来说，计划制订要明确几个基本的问题：目标、方式、责任人、时间安排。计划制订是工作开展的基础，为确保计划能够有效地指导工作，并具备良好的操作空间，须遵循以下几个原则。

（1）一致性原则：计划的设立必须牢牢把握方针的指导思想，根据纲要所阐述的基本目标、各组织功能价值和经营策略进行相关目标、方案的设定，从而确保既定工作目标得以实现。

（2）层次性原则：计划在设定的过程中，要注意把握主要矛盾和矛盾的主要方面，要对各组织的功能价值及其重要性和关键性加以区分，抓住工作的重点方面，体现出经营工作的关键环节并采取一定的手段加以控制，确保整个通路的顺畅。

（3）渐进性原则：渐进性原则是指在计划的设定要注意保持节奏和速率，坚持各项工作稳步推进，扎实地走好每一步，为下期工作的开展奠定坚实的基础，确保工作开展具有牢固的根基，坚决屏蔽由于冒进而产生的经营风险。

（4）协调性原则：计划在设定时要配套制订相关协调方案，保持公司与外部，公司内部各部门间的信息流动，做到有机协调，统一步骤和思想，加强沟通和交流，确保公司经营每个通路畅通，资源合理高效利用。

（5）可控性原则：计划的设定要做到权责利对等、明晰，相关组织能够对经营工作进行实时的监督和控制，并采取有效的措施及时纠正偏差，确保工作向指定的方向前进。

3.2.2 经营纲要实施细则

《经营纲要实施细则》是对经营纲要的补充和细化，系统分析公司内外部经营环境的变化及发展趋势，详细研究各领域现实的经营管理状况，结合指导方针的核心思想，分营运板块制定相关的施政纲要。

《经营纲要实施细则》编制必须依据审慎、具体、可达的基本原则。

（1）审慎原则。由于细则是最终的操作手册，因此编制的过程必须要审慎地分析相关营运的内外部环境，能够充分地估计所可能产生的问题和困难，有效地防范、积极地应对。

（2）具体原则。细则中必须明确地指出相关工作所需要完成的时间及每步的工作计划，使相关方能够清晰明了地知晓工作的目标、方法及要求。

（3）可达原则。实施细则在编制的过程中，其所决定采取的措施和方法，必须是可行、可控的，能够指导工作的开展落实。

《经营纲要实施细则》的制定将有助于各高层人员理清下一年度工作的思路，使公司各营运单元能够明确当前工作的具体内容和任务要求，并在绩效管理系统与预算管理系统的配合下开始实施。《经营纲要实施细则》的编制流程如图 3-2 所示，各流程节点职责内容如表 3-1 所示。

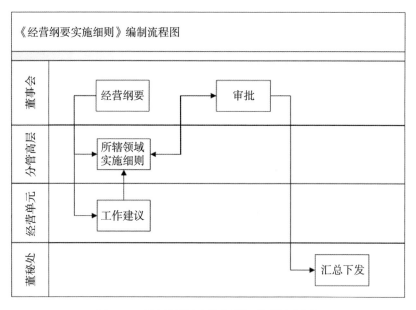

图 3-2　《经营纲要实施细则》编制流程图

表 3-1　　　　　　　　　　《经营纲要实施细则》流程节点说明

活动名称	执行人	职 责 内 容
经营纲要	董事会	董事会将经营纲要下发至各经营单元
工作建议	经营单元	各经营单元根据对经营纲要的学习，向分管高层提出本单元工作建议
所辖领域实施细则	分管高层	分管高层根据经营纲要要求，结合所辖领域各单元工作建议制定所辖领域纲要实施细则提交董事会审议，并根据董事会意见进行修订和完善
审批	董事会	董事会对各高层提交的实施细则进行审议，提出修订意见，审议通过后发送至董事会秘书处进行整合
汇总下发	董事会秘书处	董事会秘书处根据董事会审议通过后的实施细则进行整理汇总，并下发各单元执行

案例 3-1

分步分段，推进企业创新战略

创新是企业发展的不竭动力，一个企业要想保持基业长青，只能不断推动创新的发展。众多的中华老字号企业就是因为沉迷于过去的辉煌，创新思路和创新动力不足，从而被市场所淘汰。这时时提醒着马应龙要勇于创新，要不断创新。

公司决策管理层清醒地认识到创新对于像马应龙这样的百年老企业的深刻含义，主持制定创新发展战略，并在各年的经营方针中予以反映，强化马应龙创新精神、不断巩固提升马应龙的创新能力。公司以马应龙痔疮膏为基础，围绕肛肠下消化道领域的核心定位，不断加快产品系列化进程。在各年经营纲要中对产品创新进行了详细的安排，对分管高层下达相应的任务，敦促其加大对相关工作的指导和关注，积极寻找、创新工作方式方法，推进产品开发相关进程。

通过战略的实施，公司逐渐形成了创新文化，完善了创新体制机制，产品种类和规模不断扩大。公司主导治痔类产品已从单一的痔疮膏发展为具有膏、栓、地奥等 6 个品种 29 个包装规格的系列化产品结构，同时开发了眼科、皮肤、镇痛、特药等多个领域产品。2008—2009 年公司取得了新药证书及生产批件 8 项，并获评级国家企业技术中心。创新战略保证了马应龙健康的发展，为公司基业长青打下了牢固的根基。

3.2.3 绩效和预算目标分解

公司目标对于经营的具体部门来说往往是抽象和笼统的，要使它能够具体指导工作的开展，必须将其转化为下属单元能够理解的，看得见、摸得着，能够把握和衡量的具体工作目标。通过绩效管理和预算管理制度，马应龙将公司目标进行层层分解、层层配套，从而推动经营工作发展。

《经营纲要实施细则》编制下发后，绩效与预算管理系统将分别对年度工作目标进行逐级分解，使各单元、各层级在推进纲要实施的各个阶段时点上，能够明确、清晰地了解自己的工作目标。公司各层级也将同时根据绩效任务和预算要求，制订相应的工作进度时间表及工作方式。

通过将绩效任务和预算目标进行逐级分解，一方面能够使其有效地落实，并根据经营变化进行适时调整；另外一方面也能够对任务的完成情况有更加清晰的了解，并有利于对工作中出现的问题进行分析和处理，从而推动整个绩效任务与预算管理目标的达成。以下将经营收入目标的绩效任务分解和预算目标分解分别举例说明，具体见表3-2、表3-3。

表3-2 　　　　　　　　　　　　　　　**绩效目标逐层细化表**

经营纲要目标
20××年度药品销售实现收入×亿元

绩效任务分解	
目　　标	措　　施
马应龙麝香痔疮膏×亿元，马应龙麝香痔疮栓×亿元，龙珠软膏×亿元……	全面深化实施品牌经营战略，坚持以肛肠治痔及下消化道领域为核心定位……

表3-3 　　　　　　　　　　　　　　　**预算目标逐层细化表**

马痔膏销售计划		
时间	目　　标	措　　施
一季度	马应龙麝香痔疮膏×亿元	推动权责下移，开拓三四级市场……
二季度	……	强化三四级市场销售建设……
三季度	……	……
四季度	……	……

经营纲要目标
20××年度药品销售实现收入×亿元

主营业务收入年度预算

产品品类	产品名称	数量	单价	金额

续表

治痔类	马应龙麝香痔疮膏	××	××	××
	马应龙麝香痔疮栓	××	××	××
	……	……	……	……
皮肤类	龙珠软膏			
……				

主营业务成本年度预算

……

主营业务收入预算季度分解

时间	产品品类	产品名称	数量	单价	金额
一季度	治痔类	马应龙麝香痔疮膏	××	××	××
	……				
二季度	……				
三季度	……				
四季度	……				

3.2.4 各级组织工作任务分解

三维三力价值创造体系是方针管理的承载体，在马应龙，每个组织单元在这个体系里都有其独特的组织功能和价值创造点，所有的工作目的是充分发挥组织职能，围绕年度目标，实现价值创造。

基于此，各级组织在做工作任务分解时，需要按照以下步骤：

第一步：围绕部门的"组织功能和价值点"，将年度目标分解到具体的价值创造工作中，并将所有工作事项逐一罗列，以展示部门将要进行的全部工作内容。通过对部门所有价值创造工作的全罗列，使部门每个员工能够清晰地知道部门内部所有的工作事宜。

第二步：对部门的所有工作事项进行属性分类，根据各岗位职责和价值创造点，将所有的工作事项分解安排到具体的工作岗位，及时进行调整，避免由于疏漏而引起的经营失误，同时也有利于所有员工对各岗位工作有清晰和直观的了解，有利于相互的配合及临时性补缺。

第三步：各岗位根据工作事项、发生频率、完成时间和重要性按照三级索引归类，将会对部门工作岗位做到全景展示，各相关岗位只要根据全景展示的内容便能够清晰地知晓自身工作的进展和完成情况，从而保证工作的顺利开展。

这里以信息中心工作任务分解相关表单简单举例说明（参见表 3-4、表 3-5、表 3-6）。

表 3-4 　　　　　　　　　　**信息中心年度工作任务表**

信息中心组织职能：信息和 IT 支持

序号	价值创造点	年度工作事项
1	情报服务	（1）建立信息情报体系，完善信息情报采集与反馈流程…… （2）开展客户需求信息采集分析，提出产品改进与创新建议…… ……
2	IT 支撑	……
3	数据创新	……
4	信息安全	……
……	……

表 3-5 　　　　　　　　　　**信息中心年度工作事项明细表**

职能模块	工作内容	工作重要性 （ABCD）	所花精力	频次	所属岗位	配合单元
1. 信息情报体系建设	制定信息情报管理制度，明确信息采集点及职能职责、采集范畴、采集方式、报送与反馈流程以及信息情报管理模式等	A	××%	每年 1 次	数据采集岗	各信息采集点

职能模块	工作内容	工作重要性（ABCD）	所花精力	频次	所属岗位	配合单元
2. 客户情报采集分析	开展客户情报的采集、整理、解读与分析，提交专题分析报告	A	××%	至少每周一次	数据分析岗	各信息采集点
……	……		……		……	

表 3-6　　　　　　　　　信息中心××岗位年度工作事项明细表

所属岗位	岗位职责	岗位工作事项	发生频率	完成时间	重要性	配合单元
数据分析岗	1. 开展外部信息情报的采集、整理、解读与分析 2. 3. ……	日常资讯采集分析	每周 1 次	每周 1 次	C	根据需要确定
		客户需求信息采集	每季度至少 1 次	根据业务单元需求	A	信息专员
		……	……	……	……	……
……	……	……	……	……	……	……

3.3 执行

执行是对计划的贯彻实施，是企业实现所设定目标的根本要求，是企业一切经营活动开展的基础，是在充分、正确理解和制订执行方案的前提下，相关责任人采取切实有效的行动完成应尽的责任，并保留与相关部分的良好接口，从而共同推进整体目标的完成。在经营的过程中，公司一直在思考和探索如何更加有效地贯彻工作意图，提高执行的效率。

当前马应龙的执行机制以董事会为统筹、专业委员会进行控制，充分授权责任人的具体行为。这个机制是否能够良好运转取决于两个重要方面：领导与授权。

3.3.1 领导力建设

领导，是指引员工正确的方向，并对其施加影响以促使员工自觉地为实现组织的目标而努力。相关管理层的能力如何是决定公司执行水平的重要影响因素，我们将其称之为领导力。它是驱动相关人员以合理的方式向正确的目标前进的指挥力、凝聚力和号召力。领导力的建设与个人的修养、素质、性格及经历等有着很大关系。因此，公司董事会除在日常的工作中号召管理层不断地进行学习之外，还通过三元的评价模式对管理人员的能力进行评价。

所谓三元的评价模式，是指将对管理层的评价根据其直接上级、直接下级和同级员工从三识（学识、见识、胆识）、三力（思想力、行动力、创造力）、三观（道德观、职业观、工作观）三个方面 9 个维度开展问询，并对每个层次的综合评价赋予不同的权重，从而计算总的得分来对被评价管理人员进行初步的考评。三元评价模式从不同的侧面对管理人员进行了评定，排除了由于主观因素对管理层员工作出不甚恰当的评论。以公司中层举例，表3-7是相关评价表，上级、评级及下级每个维度的评价权重均不同。

表 3-7   管理层综合素质能力评价表

评价维度	三识			三力			三观			总分
	学识	见识	胆识	思想力	行动力	创造力	道德观	职业观	工作观	
权重	25	25	10	7	6	7	10	5	5	100
××										
××										
......										

从评分表中，可以得到几个有效的分值，最终的综合得分将是：

$$Y = Y_1 * \theta + \sum Y_2^i * \alpha/M + \sum Y_3^k * \lambda/N + \Phi$$

其中：

Y_1 是来自公司董事长、总经理或直接分管领导的评分。

Y_2^i 是来自于同层级其他管理层人员评价，该项取平均值。

Y_3^k 是来自于直接下属评价，该项取平均值。

θ、α、λ 分别为各项权重，Φ 为可控制权重。

通过评分的计算，以及对其中各项所进行的分析，能够基本形成对被评管理人员的初步评价。人力资源部门将根据初步评价的结果，结合对原始的资料进行综合的分析，对被评管理人员通过约谈、问卷等一系列手段进行二次了解，充分掌握其薄弱环节，并撰写相应的报告提交至董事会，同时根据调查得出的结论进行有针对性的安排学习，不断增强其综合能力，从而推动整个管理层水平的提高。

3.3.2 授权机制

授权，一般是指为完成某项任务，相关上级将必需的权力授予给特定的部属以便工作的开展。方针管理模式中授权是在某个既定的职责范围内，公司对某个直接执行对象赋予充分的决定人、事、物的权力。授权是企业经营活动中重要的组成部分，在经营过程中，经常会遭遇到权责不匹配而导致的工作进展遇阻的情况，如何防范和解决不良的授权所导致的企业经营问题一直是我们积极探索的问题。

权责对等是授权的前提条件。只有在这个前提下，才能保证被授权人能够充分、有效地运用其权力，避免类似专横武断或推卸责任事件的发生。其次，采用合理方式计算相应责任所对应的资源也是授权中重要组成部分，这是对权责对等的有益补充。除常规性的工作授权已经由公司章程及其他相关的规定作出说明之外，对于非常规的或重要的专项事项，马应龙当前主要通过几种手段解决授权中所产生的一系列问题。

在项目立项阶段进行责任划分。项目管理是当前企业普遍采用的管理手段，通过在项目立项阶段，对参与到项目中的集体和个人的职责与权力进行明确的划分，并通过项目审核决议、绩效任务书等书面的手段予以

确定。

按事项配置资源，将事项所需资源按照一定的方法进行资源的配置。立项报告人需在报告中就所需配备的资源进行计算，并详细描述其中每项的缘由及计算方式。一旦项目通过审议，则公司将全权授权相关责任人对审议通过的资源进行使用。

公司同时也会授权相关的控制和内部审计部门对项目的进展情况和资源使用状况进行实时的跟踪和研究。其目的在于实时把握项目的进展，掌握资源走向，并向相关责任方提出合理化建议，以做到对资源投入的最大化产出。

对于一些重大的项目，公司会采用问责等一系列的手段，从事后进行分析和研究，这将在后面的问责制度中进行详细的阐述。通过这些手段的使用，公司能够做到事前安排、事中授权控制、事后研究，避免了在执行的过程中对项目的过多干预而导致的种种弊端。在日常的工作中，我们也大体采用如上的手段。总而言之，一旦确定责任人职责和权力，公司将不再对其权力范围内的行为进行干扰，以推动事件的高效达成。

3.4 督导

督导，是马应龙对执行过程控制的重要手段，它包含着两个主要的方面：督促重点工作的如期推进，并对影响关键环节的系列问题进行疏导。

传统中医理论认为"通则不痛，痛则不痛"，这一说法同样适用企业的经营。很多企业在经营的过程中，正是由于某些关键环节、关键点的工作的堵塞或缺失而造成整个经营瘫痪并走向灭亡。为避免这种情况的发生，马应龙建立督办工作机制，制定并不断完善《督办工作管理办法》《督办工作指引》，并同时通过《督办通报》对重点环节和关键点工作进行实时跟踪，及时反映当前内外环境动态，在关键节点上下工夫，避免通路堵塞的发生。

3.4.1 督办工作概要

督办工作的目的是建立健全督办工作机制，规范督办工作行为，保证督办工作质量和工作效率，优化公司整体执行力，确保公司决策执行体系高效运作。马应龙成立了督办工作小组，针对公司决策事项及其执行情况组织开展立项、跟踪、调整、结办等系列化的督导督查工作。督办工作应当遵循统筹协调、注重时效、分流承办、全程公开的基本原则，具体包括以下三个原则。

（1）统筹协调原则。基于督办工作的内涵和要求，既有统筹督办工作全局的要求，同时需要做到根据具体督办事项协调推进的作用。

（2）注重时效原则。根据会议决议或报告批示的要求，落实督办事项完成时限，尽可能在最短时间内最高效地达成工作结果。

（3）分流承办原则。根据督办事项的工作要求，由董事会秘书处、人力资源部、资产营运中心和总经理办公室分别对接不同督办对象。

4. 全程公开原则。切实跟进落实督办事项的工作要求，通过线上或线下多渠道、多方式，公开跟踪进展。

一般来说，督办工作主要具备以下三个特征。

（1）完整性：督办工作必须对所督办事项实施全方位的监督和跟踪，确保被督办事项从立项到结项过程中各项工作材料的完备。

（2）真实性：督办工作必须如实地反映被督办事项进展的真实情况，只有保持客观真实性，才能够对被督办事项进行指导和调整。

（3）及时性：及时性表现在两个方面，一方面是被督办事项责任方必须及时向督办工作小组等部门及时上报最新情况，另一方面要对被督办事项进行及时的指导，并对错误进行纠正。

督办工作需要建立清晰的台账（如表 3-8 所示），一方面有助于督办工作的监督实体能够及时准确地了解当前督办工作的内容；另一方面可以建立准确的督办工作进度任务跟踪，避免疏漏和延迟。

表 3-8   **督 办 台 账**

序号	项目编号	项目来源	项目内容	责任人	完成时限	工作进展
1	例：共 10 位数，由会议召开时间/报告签批时间（即前八位为年月日）+督办工作数量（即单个会议/批示的后两位）排序组成，如 2020010101	例：20××年×月×日×× ×会或董事长/总经理批示《（报告名称）》	例：根据会议或报告的批示内容提炼后填入此项	例：具体承办人员，遵循以主责部门为上，职级由高到低的原则排列	例：20××年×月×日	例：根据各承办部门提报的工作进展进行提炼后填入此项
2	2020010102					
3						

3.4.2 督办工作主体

督办工作由督办工作小组和承办部门两部分组成。总经理办公室主任担任督办工作小组组长，组员由总经理办公室、董事会秘书处、人力资源部、资产营运中心相关岗位人员构成。督办工作小组的主要职责包括以下内容。

（1）负责拟订完善督办工作流程，优化督办工作方法。

（2）负责督办工作流程各环节的文秘协调事务，确保督办工作的完整性、真实性、及时性。

（3）负责实时收集督办事项，建立《督办台账》，并准确及时下达给各承办部门执行。

（4）负责及时跟踪督办事项的工作进展，定期催办。

（5）及时向公司领导反馈督办事项的工作进展情况并定期发布《督办通报》。

（6）负责督办工作输出结果与绩效考核部门的对接沟通。

督办事项承办部门必须系统部署推进督办事项，对督办事项的完成情况承担责任，并及时向督办人员反馈工作进展情况并积极配合督办人员的检查，确保提供信息准确、真实。

一般而言，督办事项由多个单位或部门共同承办，分为牵头承办和协同承办两种。牵头承办：由其中一个单位或部门牵头，牵头承办单位或部门积极组织其他单位或部门，主要落实督办工作要求。协同承办：承办单位和部门涉及事项相对独立，可分别落实责任事宜，多方组织协作，共同落实督办工作要求。

3.4.3 督办实施流程

督办工作主要由立项、跟踪、调整、结办共四个主要环节组成，主要工作流程如图 3-3 所示，各流程节点职责内容如表 3-9 所示。

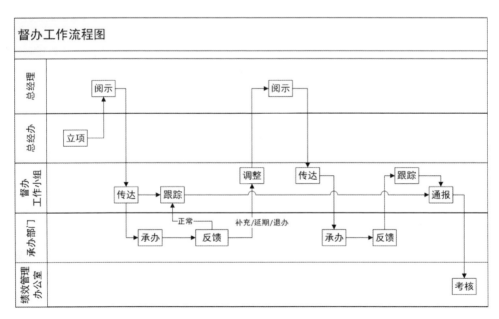

图 3-3 督办工作流程图

（1）立项。包括督办事项的收集、转达以及承办等环节，由总经理办公室负责，通过落实相关环节工作，确保相关重要专项工作均纳入督办事项中。

（2）跟踪。包括督办事项的定期跟进、过程催办以及承办反馈三个部分，根据具体的工作内容，由督办工作小组的成员分别负责完成，并提供相应的跟踪反馈情况。

（3）调整。根据督办工作事项的实际情况，对督办工作事项进行调整，调整方式包括补充、延期或退办，以便确保督办工作事项的有效落实。

（4）经跟踪落实的督办事项，将予以结果通报，并在季度和年度绩效考核中作专项管理。

督办工作小组根据跟踪核查的结果，编制《督办通报》（表3-10），将督办事项分为三类：一是已完成的工作事项；二是持续推进的工作事项；三是新布置的工作事项。《督办通报》在月度绩效调度会上发布，强化督导落实。

表 3-9　　　　　　　　　　督办工作流程节点说明

主要环节		执行人	职 责 内 容
立项	收集	总经理办公室	收集督办资料，初步明确督办事项、承办人员、完成时限，与主要承办人员沟通确认后，纳入《督办台账》
	传达		督办事项立项后，由总经理办公室在1个工作日内将督办事项传达给承办人员，并于每月25日前将《督办台账》转给督办工作小组成员，便于小组成员开展督办事项跟踪
	承办	承办部门	承办部门收到传达的督办事项后，应按照要求迅速组织实施，在规定时限内办理完结
跟踪	定期跟进	督办工作小组	督办工作小组应定期跟进了解督办事项的进展情况，并有权要求承办人及时提交督办事项进展情况和相关佐证材料，如有需要，也可同时向多个承办人和相关者核实，以确保核实结果真实有效
	过程催办		对于未及时开展督办工作或进展明显偏缓的，由督办工作小组进行催办，必要时报公司领导处理
	承办反馈	承办部门	承办部门应按要求及时向督办工作小组反馈督办事项进展情况，并提供相关佐证材料，不得故意敷衍、拖延和隐瞒事实

续表

主要环节		执行人	职 责 内 容
调整	补充	督办工作小组/承办部门	传达已立项的督办事项的进展指示；传达同一督办事项的最新工作要求
	延期		如因不可抗力、客观情况发生变化、工作难度超过预期等，承办人确实无法在规定时间内完成督办工作的，应于办理时限到期前向公司提交《督办事项延期申请》，说明延期原因和日期，交由督办工作小组受理，总经理办公室代收，督办工作小组评估后，认为确需延期的，提交给公司领导审批，公司领导审批同意后，方可延期
	退办		如因不可抗力、客观情况发生变化等，督办事项暂缓实施或取消办理的，由承办人向督办工作小组说明情况，情况属实的，可予以退办，如双方无法就退办事宜达成一致的，由督办工作小组请示公司领导后确定
结办	结果通报	督办工作小组	经跟踪落实的督办事项，将予以结果通报
	专项考核	绩效管理办公室	督办工作的落实情况应列入各承办人的绩效考核中，并进行专项管理

表 3-10   **××年××月督办通报**

一、已完成的工作事项

序号	项目来源	项目内容	责任人	完成时限	完成情况
1	例：20××年×月×日××××会或董事长/总经理批示《（报告名称）》	例：根据会议或报告的批示内容提炼后填入此项	例：具体承办人员，遵循以主责部门为上，职级由高到低的原则排列	例：20××年×月×日	例：填写工作事项最终完成情况，为与持续推进的工作事项以示区别，此项内容可以蓝字或绿字标注

续表

二、持续推进的工作事项

序号	项目来源	项目内容	责任人	完成时限	工作进展
1	例：20××年×月×日×××会或董事长/总经理批示《（报告名称）》	例：根据会议或报告的批示内容提炼后填入此项	例：具体承办人员，遵循以主责部门为上，职级由高到低的原则排列	例：20××年×月×日	例：根据各承办部门提报的工作进展进行提炼后填入此项，为与已完成工作事项以示区别，此项内容可以黑字标注

三、新布置的工作事项

序号	项目来源	项目内容	责任人	完成时限	
1	例：20××年×月×日×××会或董事长/总经理批示《（报告名称）》	例：根据会议或报告的批示内容提炼后填入此项	例：具体承办人员，遵循以主责部门为上，职级由高到低的原则排列	例：20××年×月×日	

案例 3-2

强化督办，确保首家医院顺利开业

2007 年下半年，武汉马应龙中西医结合肛肠医院投入建设，肛肠医院作为公司发展战略的重要组成部分，为保障其建设的顺利开展，公司将其建设纳入督办工作之中。

随着工作的开展，公司领导根据实际进展情况，先后多次进行批示，协调行政部门、医药产业中心、人力部门等多方共同协作推进工作，使各项建设工作如期开展，并在《督办通报》中对实施情况进行及时跟踪，及时解决期间的问题，对工作进展不利之处进行协调，确保各项工作按计划推进。

2008 年年底，经过一年多的筹备建设，医院投入运营，为马应龙围绕下消化道领域开展多元化服务又迈出了坚实的一步，督办工作再次显示了其在重大项目推进过程中的纽带作用。

3.5 协调

对企业而言，只有当企业各个部门按照既定的规则高速运转，并与其他部门做到良好的衔接配合时，才能使企业朝向既定的目标快速前进。马应龙采用多种方式积极促进各部门之间的沟通协调，并对一些重点的工作采用项目管理或者纳入专项工作的方式予以协调控制，从而促进经营工作的正常运转。

3.5.1 会议协调

会议是一种良好的沟通方式，通过各种定期、不定期的会晤，相关工作人员能够就当前所面临的问题及需要协作的内容进行相互的告知和沟通，并提出各自的观点和意见，从而促进合作目标的达成。

1. 中层例会

中层例会是马应龙重要的协调例会之一。中层例会的根本目的就是使一线管理人员能够通过定期的会晤，使信息水平流动，避免在垂直传输过程产生的噪音使信息延误和失真，促进各部达成有效的协作。

2. 董事长专题会

除像中层例会这样的沟通协调会议外，马应龙为对重大事件在研究的基础上进行充分的协调，将会由董事长召集相关工作人员约谈，即举行董事长专题会议。通过董事长专题会议的召开，公司能够对一些重大、典型事件进行深入的分析，协调、促进各部门高效合作，同时为后期的相关工作开展提供参考和借鉴。一般而言，董事长专题会议议题要符合以下几个原则。

（1）重要性原则。董事长专题会议项目是公司经营的关键节点，是公司经营顺畅的重要保证，将对公司工作产生巨大的影响。

（2）典型性原则。董事长专题会议讨论的内容需要具备代表意义，可以进行推广和延伸，能对后期部分工作提供借鉴和参考。

（3）指导性原则。对部分推进不力的重点工作也会在董事长专题会议中进行讨论，进行分析和研究，深入探讨并制定相关的攻坚战术。

专题会议召开前，董事长将以各种方式开展深入的调研，并根据调研情况进行综合判断，作出是否召开专题会议之决定，并依据相关程序开展工作（如图3-4、表3-11所示）。董事长专题会议之前的调研工作是重要的，它至少存在两个方面的作用：一方面可以确定相关事项在经营工作中的性质和当前的状况；另一方面也可以防止在座谈中被一家之言所误导而作出错误的判断。

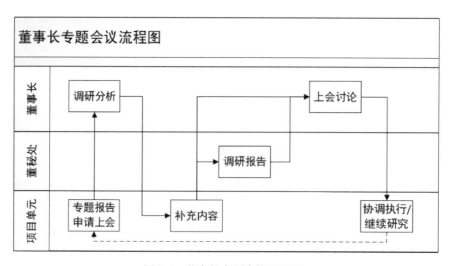

图 3-4　董事长专题会议流程图

表 3-11　　　　　　　　　　　董事长专题会议流程节点说明

活动名称	执行人	职 责 内 容
专题报告 申请上会	项目单元	项目单元根据工作中出现的问题或董事长对工作的要求撰写专题报告进行论述，并提交董事长申请上会
调研分析	董事长	董事长将根据专题报告内容进行项目调研分析，并根据分析结果要求项目单元对专题报告内容进行补充
补充内容	项目单元	根据董事长对项目调研的意见，提供相关的内容的补充材料，做好上会的准备
调研报告	董事会秘书处	董事会秘书处根据项目单元所提交的相关材料，对项目进行专项研究，并向董事长提交研究报告，供决策参考
上会讨论	董事长	董事长将根据项目单元所提交的材料，参考董事会秘书处的调研报告，决定是否召开专题会议讨论
协调执行/ 继续研究	项目单元	项目单元根据讨论内容，协调推进项目工作或继续跟进项目研究，等待时机成熟再次进行讨论

董事长专题会议是马应龙约谈机制的代表。而约谈在马应龙的各个层面上都被广泛地使用，通过召集相关人员约谈，能够对相关事件本身进行更为深入和细致的了解。相关各方在同一层面上的论述也将帮助执行者本身开阔思路。通过这种方式，能够对大部分事件本身的属性有较为清晰的认识和了解，这将帮助公司在工作中作出更好的决策。

案例 3-3

协调推进眼霜上市

眼霜无疑是马应龙在 400 年历史上推出的一个重要的产品，它标志着马应龙正式进入化妆品市场，而这个领域对于公司来说是全新的，这是公司经营上的重大事件，也是对公司经营能力的重大考验。

为做好这项事业，在眼霜推出的过程中，董事长及相关部门一直对此进行跟踪调查，并就包装、推广方案等多个方面先后召开数次专题会议进行讨论，就眼霜包装、销售等一系列问题进行了讨论，并组成眼霜项目组，对眼霜的生产、销售等分工合作达成共识。协同制订了完善的计划和措施，确保各方通力合作，为眼霜面世奠定了良好的基础。

2009 年 6 月，马应龙八宝眼霜隆重上市，半年时间武汉地区销售达到 500 万，各运行环节之间沟通顺畅，配合紧密，这是公司协调工作的又一次重大胜利。

3.5.2 项目管理

项目管理是当前企业经营中较为常用的手段，是企业经营活动中重要的组合方法。马应龙充分发挥专业委员会、执行单元的功能作用，从项目立项、资源配置、过程管控、结果评估、风险防范以及项目激励等各个环节进行严格的规范化、专业化管理，确保项目整体工作高效完成。

马应龙设立品牌管理委员会和创新管理委员会负责各种项目的立项研究、执行、控制工作。通过专门委员会的专家团队，为董事会在项目立项决策提供参考依据，并根据董事会的相关决议对项目的实施情况进行跟踪了解，及时协调、督导项目的进行，并根据实时情况进行控制和调整，以确保项目能够顺利完成并达到既定的目标。

（1）品牌管理委员会是公司下设的专门委员会，主要负责针对品牌管理、市场营销、产品开发等的重大决策事项，是品牌管理的决策议事机构，对董事会负责，行使董事会授予的职权，以下简称"品管会"。品牌管理委员会主要针对产品的市场和研发项目立项开展工作，其主要工作流程如图 3-5 所示，各环节职责内容如表 3-12 所示。

（2）创新管理委员会同品牌管理委员会一样，是公司下设的八个专业委员会之一。与品牌管理委员会审议范围不同，创新管理委员会审议项目主要集中在生产制造方面，负责对公司技术改造项目和产能规划项目的研究、审议及对创新工作成果进行评估。创新管理委员会工作流程与品牌管理委员会类似，可参考品管会内容，这里不再累述。

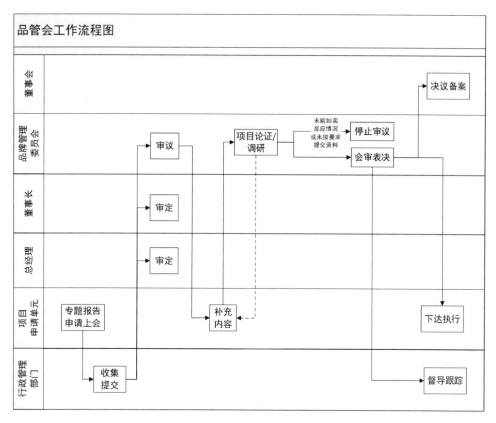

图 3-5 品管会工作流程图

表 3-12 品管会工作流程节点说明

活动名称	执行人	职 责 内 容
专题报告申请上会	项目申请单元	各部门有需提交品管会审议的议题，应于会议前送公司相关行政管理部门
审定	董事长总经理	由相关行政管理部门将项目资料提交董事长和总经理审定；重要议题讨论材料须提前送达出席会议人员阅知
审议	品管会	品管会对上会项目进行审议时，有权向项目提交人进行查询或要求补充相关资料，如项目提交人未能如实反映相关情况或未按要求提供相关资料，品管会有权停止审议该项目
补充内容	项目申请单元	项目申请单元根据品管会要求，对申请报告中缺失内容进行补充和完善，并提交品管会审议

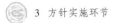

续表

活动名称	执行人	职 责 内 容
项目论证/调研	品管会	品管会主任委员可以根据项目的性质、特点、及时要求人员进行论证及搜集、补充相关资料，并可根据项目需要进行调研，也可聘请外部专业机构人员协助项目的研究、分析工作
会审表决	品管会	项目论证或调研结束后，品管会主任委员应即召开品管会会议对项目进行会审、表决
决议备案	董事会	品管会召开会议，进行审议，将决议结果提交董事会备案
下达执行	项目申请单元	项目申请单元根据董事会审批决议，实施项目，并确定各方项目中责任
督导跟踪	行政管理部门	相关行政管理部门根据品管会决议结果对项目督导执行，并跟踪执行情况，随时向品管会反馈

在上会讨论之前，专业委员对项目的调研、分析，并要求项目申请单元反复补充材料，能够使申请项目更加全面和深入地展示其所包含的各方面因素。在董事会审批之前，通过专业委员对项目立项工作进行把关，也使公司提高了决策的效率，缩短了作出决策所需要的讨论时间；同时提高决策的科学性和合理性，使决策能够最大限度地符合公司利益。

专业委员会通过对项目立项可行性进行决策的同时，也将对立项项目的进展情况进行及时的追踪和调查，并要求项目承担部门进行定期、不定期的项目工作汇报。在专业委员会认为有必要时，将召开项目进度跟踪调查会议，以对项目的各项进展进行深入的调查研究，及时纠正项目执行过程的偏差和疏漏，确保项目工作及时、高效地完成。

专业委员会也将在项目完成后，对项目及时进行评估和总结。通过对项目立项之时所确定的目标、计划进度、资源占用以及责任安排等，对项目工作成果进行测评，并将测评结果上报至董事会，并反馈至相关责任人。测评结果也将运用于绩效、预算等多项考评中。其基本架构如图3-6所示。

在激励方面，马应龙借鉴现代公司组织制度，经过多年的实践，创新性地提出了项目股份经营制、所属公司经营层持股制、项目合伙制、骨干

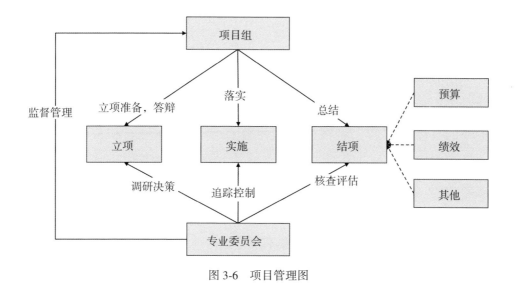

图 3-6　项目管理图

员工分红制，通过股权分配方式，使项目各方形成责任共担、利益共享的格局。

通过这一系列手段的实施，公司有效地推动各项目按计划进展并达成如期的目标。2009 年 6 月，公司历史上一个非常重要的产品"马应龙八宝去黑眼圈眼霜"成功上市，公司项目管理再次取得重大的成果。

3.5.3 专项工作

专项工作是指公司对日常经营活动过程中需重点解决和处理的重点环节和重大事件所采取的以事为项，实时督导、适时协调的方式。专项工作所涉及的项目有三个典型的特质：关键性、紧迫性、合作性。

（1）关键性是指专项工作所涉及的工作内容是经营活动的关键或重点环节。该事项进展的顺利与否直接关系到与其相关的其他事项的进展。

（2）紧迫性是指专项工作所涉及的项目对时间具有很高的要求，它必须在一定的期限内完成，否则将对整体任务的推进产生巨大的负面影响。

（3）合作性是指专项工作往往由一个主导部门完成，但由于工作本身的性质，它需要多个部门协同合作，因此对相关部门之间的沟通协作提出了很高的要求。

由于专项工作本身的特性，使专项工作需要进行更为仔细的确认和部署。通过对专项工作进行细化部署，并由总经理办公室采取必要的措施督导，公司能够确保专项工作推进的效率和质量。

对于专项工作的部署，马应龙采取关键路径倒推法的方式。在确定专项工作的具体内容后，将根据完成工作的要求进行时间和关键节点的倒推，从而确定出完成工作所必需的各个事项的具体内容和时间，建立反向关键路径图（如图 3-7 所示），并依据关键路径制定专项工作计划表（如表 3-13 所示），对各个部门相关工作进行细化分配，同时对每个节点事项所需资源进行填报，经审核通过后依照执行。

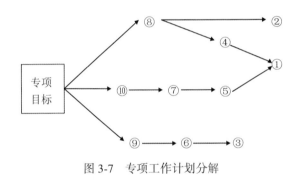

图 3-7　专项工作计划分解

表 3-13　专项工作任务计划表

事项	××××				
目标标准					
完成时间					
部门任务	序号	部门	目标标准	完成时间	所需资源
	1				
	2				
	……				
审核结果					

总经理办公室是专项工作的监督部门，将对所有专项工作建立工作台

账（如表 3-14 所示）。办公室设置专员负责对专项工作的进展情况进行实时的跟踪和研究，采用督办等方式敦促专项工作的实施，会同相关监控内审部门进行监控，按时向总经理提交分析报告，并对专项事项推进方式会同多方意见提出合理化建议。

通过对专项工作推进的质量和效率的控制，公司确保了经营活动中各个关键节点的畅通，使各项工作能够有效地连接起来，从而避免部分缺失所导致的执行困难。同时，通过对专项工作的梳理，也能够清晰地明了各项工作在专项中的作用和紧张状况，有利于公司对各部门工作的综合评价。

表 3-14 专项事项台账

事项	目标标准	完成时间	涉及部门及分工	所需资源

案例 3-4

标准化战略，马应龙腾飞的有力保障

随着经济全球化、市场化进程的加速，标准化成为评判企业的一种重要标尺。从行业而言，由于医药行业本身的特质，对生产管理、质量管理等有着更高的要求。

1999 年的马应龙本身质量管理、生产管理层次较低，硬件设施陈旧老化，难以适应现代的管理要求。这种背景下，公司提出标准化战略，规范各项经营管理活动，实现内部标准与社会公允标准对接，公正评估岗位价值，建立岗位任职资格体系。一场以标准化战略为指导的专项改进工作在公司销售、质保、生产等各个单位展开，并随着时间的推移，快速向更高的标准迈进。

通过标准化战略指导下的一系列专项工作开展，马应龙及旗下子

公司分别通过了国家药监局 GMP、GSP 质量管理规范体系认证，获得国际权威机构 SGS 颁发的环境管理体系 ISO14000 和职业安全与健康管理体系 OHSAS18000 的认证，在医药行业内率先实现了"三认证"。公司生产能力大幅提升，并建立完善的质量保证系统，建立健全岗位任职资格体系，在公司内部形成完整的标准文件体系，各项标准与国际标准接轨，获得国际市场准入证，为马应龙的持续发展注入了强大的活力。

3.6 调整

世界是动态发展的，随着经营工作的持续深入发展，公司所面临的内外部情况也在不断地改变，要与时俱进地开展工作就意味着可能需要对方针中部分事项进行适度的调整，以跟进形势的变化。方针是否需要调整，调整到什么样的程度则需要根据公司适时开展的调研结果进行判断，总的来说，调整分为如下两种可能：年度方针调整和年度目标调整（如图 3-8 所示）。

图 3-8 方针调整示意图

公司处在一个不断变化的环境之中，由于行业特性等多方面的综合因素作用，不能排除所制定的年度方针失效的可能性。正常情况下，公司在制定方针之初已经对未来发展的趋势进行了审慎的调研和分析，使方针在实际指导工作过程中失效的可能性很小，因此，调整更多的集中于方式、方法和目标。因此，本书将介绍年度方针调整的流程，并将着重对一般性调整进行详细的介绍。

3.6.1 方针调整原则

作为经营指导的纲领性文件，马应龙对其的调整围绕谨慎、求真、务实、效率的原则进行工作。

（1）谨慎原则。要求在进行调整的过程中，注意对度的把握，要进行充分的研究和论证，防止盲目采取某种行为而致使决策失误。

（2）求真原则。要求调整工作所依据的资料必须真实、可信，避免因虚假材料误导决策和参议机构，从而造成重大损失。

（3）务实原则。要求讲究实际、实事求是，要从企业实际状况出发，立足于自身的资源和能力，脚踏实地地开展工作。

（4）效率原则。要求调整应当及时、高效，既要能够对突发事件快速地响应，又要能够作出准确的判断。

对纲领性文件进行调整对公司整体经营会产生巨大影响，将直接改变各个板块的工作计划和安排，并最终导致公司整体经营绩效的改变。因此对于调整我们必须采取谨慎的态度，要注重对长远战略的思考，强化调查研究的力度，注意对各种材料真实性的考察，在实事求是的基础进行深入的论证，考察企业自身的能力水平，在短时间内作出合理、正确的调整意见。

3.6.2 年度方针调整

年度方针的调整需要有一个重大的触发事件，且触发事件将使公司被迫改变既定的发展方向，并导致重大的战略调整。当这个重大触发事件发生后，公司董事会将根据情况，在最短时间内完成年度方针调整流程

（如图 3-9、表 3-15 所示），并作出对方针的调整决策。

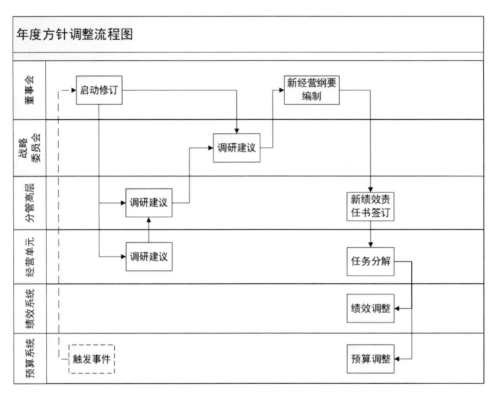

图 3-9　年度方针调整流程

　　调整决议一旦作出，董事会秘书处将根据决议内容对各板块工作基本策略和工作方向进行调整，在获董事会通过后，以董事会文下发执行，并同时对绩效管理系统和预算管理系统再次初始化。

　　在马应龙经营的历史上，由于外部政治经济环境稳定，大量深入的调研工作和较为全面的信息收集处理有效地支撑了董事会所进行的方针决策，因此这一流程从未启动。但我们也需要注意的是，潜在的触发事件是可能的，且经济社会的快速发展导致外部经营环境的不确定性快速增加，因此对于触发事件的认定工作将是未来这一流程中最重要和关键的部分。

表 3-15 年度方针调整流程节点说明

活动名称	执行人	职责内容
启动修订	董事会	触发事件发生，董事会将第一时间发布纲要修订通知，启动修订工作
调研建议	高级经营层	公司高级经营层在收到修订通知后，应立即开展分管领域内调研，并提交修订建议
调研建议	经营单元	公司各经营单元在收到修订通知后，应立即开展经营领域内调研，并提交修订建议
调研建议	战略委员会	战略委员会在接到通知后，应开展全面调研，并参考分析高级经营层与经营单元的调研汇报和建议，向董事会提交修订建议
新纲要编制	董事会	董事会根据实际经营情况，结合战略委员会建议，编制新经营纲要，并重新分解各高层任务
新绩效责任书签订	高级经营层	高级经营层与董事会就新纲要所重新分配的绩效任务签订新绩效任务书
分解任务	经营单元	各经营单元对分管高层所签订的新绩效任务书进行分解，制订本单元的工作绩效任务和计划
绩效调整	绩效管理系统	绩效管理系统根据新经营纲要的内容重新调整绩效责任分解，并督导落实
预算调整	预算管理系统	预算管理系统根据新经营纲要的内容重新调整预算计划，并督导落实

3.6.3 年度目标调整

所谓年度目标调整，指在方针既定基本方向和策略框架下，对绩效目标进行的局部调整，其目的是为了使当前的工作能够更有效地适应环境，从而最终达成公司的目标。

若没有既定的事实需要公司迅速作出调整的决策，公司目标的调整集中在半年工作总结时期，调整的流程如图 3-10 所示。

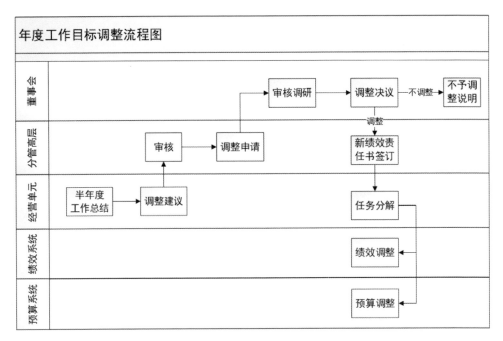

图 3-10   年度工作目标调整流程

表 3-16   年度目标调整流程节点说明

活动名称	执行人	职 责 内 容
半年度工作总结	经营单元	各经营单元对半年工作进行总结，对经营环境进行分析，对全年工作进行基本的判断
调整建议	经营单元	各经营单元将根据半年工作总结的情况，基于对全年工作的认识，提交《任务调整建议》至分管高层
审核	分管高层	分管领导须就所提交调整之事项进行严格的审核，与相关申请部门进行约谈，全面真实地了解情况
调整申请	分管高层	分管高层通过审核，认为绩效目标确需调整，则制定调整申请，并提交董事会
审核调研	董事会	董事会将就高层提交申请事项进行调研，如有必要董事会将对相关部门进行约谈，并就公司其他环节所反映情况进行综合考量；同时，董事会将根据实际情况指定开展相关调研或采用相关调研数据用以支撑决议

活动名称	执行人	职 责 内 容
调整决议	董事会	董事会根据相关调查结果，结合环境的发展，综合考虑未来的趋势，对申请报告进行审议，对同意调整的出具调整意见，对不予调整的要说明否决的理由，并下发各高层执行
新绩效责任书签订	高级经营层	高级经营层与董事会就新绩效目标重新签订新绩效任务书
分解任务	经营单元	各经营单元对分管高层所签订的新绩效任务书进行分解，制订本单元的工作绩效任务和计划
绩效调整	绩效管理系统	绩效管理系统根据新绩效目标的内容重新调整绩效责任分解，并督导落实
预算调整	预算管理系统	预算管理系统根据新绩效目标的内容重新调整预算计划，并督导落实

对于企业经营来说，进行调整是因为年初既定的工作目标已经迫于当前内外环境的变化而确定难以达到，或者由于其他重大因素而必须改变。但这种改变往往不利于企业的经营活动。因为目标的调整往往牵一发而动全身，此外对员工的士气也或将产生严重的负面效应。因此，在作出是否进行调整的决策时，是严肃而慎重的。在马应龙，只有当事件的发展使以下几个方面的内容成为现实，董事会才会酌情召开会议讨论目标调整。

（1）外部环境变化使目标达成的可能性大幅降低，即使通过各种努力也不可能完成。

（2）公司内部条件发生变化，不满足达成目标所必需的条件，短时期内无法解决相关问题。

（3）公司出现突发事件，促使公司经营活动有必要对当前目标进行调整。

（4）其他董事会认为必须调整经营目标的事项。

以上的条目所针对的是内外部的变化不利于公司经营的情况。公司在经营过程中也会由于各种利好而使公司当前的目标显得谨慎和过于保守。但即便已经肯定的利好将使这种情况出现，也不应贸然地改变公司既定的目标，要保持经营工作的连续性和完整性，目标的稳定是重大决定因素。因此，公司仅会在工作方式方法上寻求突破和改变去鼓励和引导员工，从而使利好产出最大化，并同时以正确的导向使员工能够在分享成绩带来收益增加的同时，明了未来的道路仍然需要加倍的努力。

4　方针总结环节

总结的目的在于对方针实施所经历过程进行的回顾和反思，找出其中好的思想，好的做法，好的观念，改正和完善工作中存在的缺点和不足。简而言之，通过总结，对方针管理过程中的优劣边界进行了区分，总结成功的经验，发现不足，为下期工作的统筹安排打下良好基础。因此，公司要求总结工作的开展要遵循一个简单的原则："既总结经验，也总结教训；既面对过去，也面向未来。"

4.1　方针总结概述

4.1.1　主要流程

总结是经营活动中重要的组成部分，是经营活动开展的基石与导向标，在经营活动的各个时期、各个阶段会以不同的形式开展，简单来说，总结要滚动开展，既有阶段性，也有周期性。

在实际的工作中，马应龙将总结根据其所涉及的内容和目的，划分为评估验收、反馈优化、总结提升、尽责问责四个主要部分。

（1）评估验收。通过组织各单元对指定工作期间的工作完成情况进行总结，并提供对应核查资料，由组织方进行评估验收。评估验收主要包括两方面内容：一是核查各单元经营工作的真实性；二是核查经营工作的成效，即目标达成率。

（2）反馈优化。通过组织常规例会，反馈经营过程工作中的疏漏和偏差，及时采取措施进行完善和修订，从而推动经营活动的持续健康开展，促进完成方针的既定目标。各项总结活动必须快速、有效地开展，才能提高总结的效率和水平。

（3）总结提升。通过全集团范围内的年度总结活动，对过去一个年度的工作进行回顾，对方针的制定、施行情况进行全面的审查，寻找、发现其中的疏漏和不足，为下一步研讨的开展提供全面、真实、完整的原始资料。

（4）尽职问责。通过对公司高级管理人员、部门负责人以及关键项目负责人在分管范围内履行职责的情况进行调查质询，发现有失职渎职问题的，可追究相应责任。

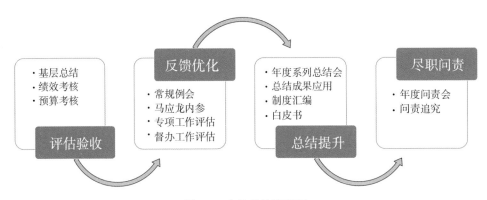

图 4-1　方针总结流程图

4.1.2　总结要求

为有效开展各项总结工作，马应龙对所有参与其中的员工提出了三点具体的要求：事前准备、陈述重点、积极应对。

所谓事前准备，即各项总结的开展应做好充足的功课，要能够对问题有清晰、清醒、准确的认识，能够对问题发生的原因、产生的影响等作出深层次的论述和判断，不能就总结而总结。

要明白总结的目的是汲取经验和教训。因此，总结陈述的重点应该集中在经验和教训上。通过总结活动，与相关各方进行广泛、深入的探讨，以求能够寻找出问题产生的根本原因，为后面的工作开展进行充分的准备。

总结的最终目的是为工作的开展作好准备。因此总结需要通过问题的发现和分析，进而提出应对之策。之所以要进行准备和描述重点，是要通过表面的现象，发现问题根本的原因，这样才能够治标治本，才能够真正地将工作向前推进。

特别对于事前的准备，要求参与总结的员工要进行积极的思考，而这本身是一种从思想和态度上重视的表现，也是总结工作能够达到既定目标的前提和保证。因此，公司也会采用提交总结和专题会前座谈等多种手段保证员工能够进行深入的研究。但更多的时候，通过企业文化的传播，将其灌输到员工的思想中，则是更加优化和有效的手段。

4.1.3 董事会的作用

董事会作为公司经营决策的最高部门，一方面会通过自身的权力推动相关工作的开展，另一方面也适时地进行自查和反省，及时发现和改正所犯的错误，防止经营工作走向误区。在总结工作中，董事会分饰着两种角色：审核者和自省者。

作为审核者，董事会必须清晰、明确、全面地了解各个单元在工作中对方针的贯彻情况，对执行中出现的问题和不妥之处的本质原因进行研究，在下期的方针制定、执行中采取必要的手段和措施进行改进。作为自省者，公司董事会不仅要发现别人的错误，更为重要的是要对自身可能产生的错误进行自我审视。作为公司经营最核心的单元，公司董事会的自我审视有着以下三方面的重要意义。

（1）董事会的自我审视将有助于下期工作的开展。通过对一系列问题的自我审视，去发现工作中的不足，并不断完善以进一步提高董事会的决策能力，并对下期的相关工作开展有所参考。

（2）董事会的自我审视有利于从更多的角度去看待问题。董事会的自我审视要求董事会成员从不同的角度去看待一个问题，这将可以使被研究问题更为全面和系统地被认知，从而推动工作的完善。

（3）董事会的自我审视将起着模范带头作用。作为公司经营的最高部门，董事会对自身不足的承认将为公司其他单元的相关工作做好榜样，并促使公司经营各单元全面、真实地反馈相关情况，并积极地寻找对策。

4.2　评估验收

当方针管理系统运行一个周期之后，将依据《经营纲要》中公司绩效责任书内容对公司一年来的经营成果进行阶段性的评估验收，这是对方针管理模式绩效测评的基础。

4.2.1　目的与原则

评估验收是董事会主持开展的对全年工作的阶段性系统检查，其目的主要包括两方面，一是测评阶段性的经营成果，二是及时发现各层级经营过程中的问题，为不断地改进和提高提供依据。

在评估验收的过程中，应把握民主、全面、深入、准确这四个基本原则。

（1）民主原则。评估验收要做到广泛民主，将自评与他评相结合，领导与普通员工相结合、内部与外部相结合。广泛地收集和听取意见和建议，有效防止主观武断所产生的误导。

（2）全面原则。评估验收要做到高与低、点与面有效地结合。既要对一线执行者进行考察，也要对最高决策层工作进行评估；要能够通过某个点所反映的问题发现相关方面所产生的异常，从而为全面地改进和提高打下良好的基础。

（3）深入原则。评估验收要注意定量和定性相结合的考察。一方面要通过绩效的标准考察目标的完成情况，另一方面更要发现目标完成、未完成背后更深层次的本质原因，抓住关键问题解决发展的瓶颈。

（4）准确原则。评估验收各项指标要如实地反映出经营的真实情况，要多方进行校对与核实，避免数据错误误导董事会对评估工作作出错误的判断。

4.2.2 基层总结

基层总结开展是检讨总结开展的基础。马应龙要求各单元要及时认真地围绕部门价值点，开展总结工作，并与预算管理系统和绩效管理系统中的内容对接，使相关工作的进行可以更为深入和彻底。

基础总结以部门为单元开展，依据岗位分类、岗位价值点、岗位关键事项等分条目进行。总结工作开展根据实际情况以书面或者集会形式召开，要求进行总结的员工着重对出现异常的环节进行深入分析，力求能够深入挖掘问题产生的本质，并从自身工作角度出发，对公司工作提出合理建议。如果工作以书面形式进行，则将会根据表4-1的内容进行填写，并要求内容具体、充分，避免假大空的套话，向上传递真实的信息。

相对于纸质的报告而言，马应龙更提倡部门员工以集会的形式开展总结。这种方式可以将所有成员集合在一起，帮助个人和团体从更多角度去思考问题，使团队的成员对工作作出更为深入透彻的分析，提出更多良好的建议。

表 4-1　　　　　　　　　　　　　岗位工作分析表

岗位名称	岗位价值点	项目目标与内容	计划及完成情况	工作分析	建议
战略研究	通过内外部价值信息洞察研究，精准研判未来，提出战略性发展建议	年报分析，综合评述各类似上市公司财务及经营工作情况…	30 日内已完成。研究报告在经营跟踪中有所欠缺……	1. 对比上市公司的跟踪现在维持在……	1. 信息情报的收集需要建立一个更为完整有效的体系……
		……	……	……	……
证券事务		……	……	……	……
……		……	……	……	……

4.2.3 控制信息失真

对各项经营工作的评估验收，基础在于各项信息的真实有效。在总结工作开展的过程中，各层总结分别以前一节点的信息为支撑。这就意味着，如果任何一个节点出现人为或意外的异常将会导致信息失真，并在随后的传递中被无限地放大，进而可能产生的影响是显而易见的，已经有众多的企业用破产的残酷案例揭示了信息失真所可能带来的严重后果。因此，在整个方针运行内部，从制定、实施到总结，马应龙都力求做到信息以正确的内容朝正确的方向传递。

对于信息传递的方向，企业可以用规范的形式来制约。而对于信息内容，如何确保决策层所获得信息的真实性，马应龙采用了以下几种方式。

（1）健全制度，贯彻落实。好的制度能够塑造人，因此在经营过程中，我们不断地对相关制度进行修订和完善。对公司数据的报送、核实进行严格的要求和规定。组建审计监察部门，系统负责内审工作，从制度上确保数据的真实性；组建战略数据部，负责关键数据的集成、加工、存储、展现和创新应用管理，基于统一的数据标准和流程管控，确保数据的一致性和有效性。

（2）深入一线，走向基层。在做好数据审核的同时，公司要求经营层的相关管理人员，必须亲自深入一线工作中去，把握和了解一线和基层的真实情况，切身体会公司经营的实际状况。公司董事长、总经理则是一线调研的首要责任人。

（3）文化宣教，防微杜渐。此外，公司还从文化上加强宣传，立足于从员工思想上对虚、假、瞒现象进行根除。建立广泛的员工交流机制，通过总经理邮箱、微信公众号等一系列真实和虚拟的交流平台，加强与各层级员工的沟通，指导工作的同时，及时发现各种不良的动态并予以修正。

通过制度、调研和文化宣教的相互配合，马应龙在最大程度上确保了真实信息的有效传递。而对于严重的失真所产生的问题，将会纳入行政问责之中。

4.2.4 主要评估方式

在评估的过程中，除了要对绩效责任书根据指标及既定的评分标准进行评分外，在实际的操作过程中，还将根据不同的板块所针对的不同经营特点，制定不同的标准去细化考察其实际的状况。公司将根据考察的结果，对不同的指标进行不同的权重分配，对各个板块的状况进行打分，最终综合为对公司的情况进行评估。基本评分公式如下：

$$Y = \Sigma(X_i M_i + \eta) + \Phi$$

X_i：考察项（板块）评分

M_i：考察项（板块）权重

η：考察项其他影响因素分值

Φ：总体影响因素分值

评分作为一种定量的参考，比较清楚直观地反映出结果的好坏和出现异常的部分，能够使董事会及相关部门有所侧重地采取必要的方式和手段去解决问题。但评分本身也有其不可回避的缺陷，因此仍需要配合其他评价手段综合使用，各级总结、内参等都将为此提供真实、全面的原始参考资料。董事会秘书处也会根据高层目标责任书制定相关的情况汇报完成表（如表 4-2 所示），通过对各项指标进行综合的分析，并与相关部门进行沟通和核实，为董事会对方针成效评估提供更为细化的参考依据。

表 4-2 高层任务完成情况分析表

分管领域	指标内容	完成情况	情况分析
生产板块	实现本部生产成本控制目标，综合毛利率高于上年水平	完成了控制指标，毛利率较上年提高×%	1. 原材料价格的上涨加大了毛利率提高的难度…… 2. 通过技术设备的改造，原料损耗较原来…… ……
	本部产品成品一次合格率达 99% 以上	……	……
	……	……	……
……	……	……	……

4.3 反馈优化

反馈优化是马应龙对经营工作的过程管控，即在执行过程中开展的阶段性自我诊断，主动发现影响工作进展的原因，并对出现的疏漏偏差进行及时的修复优化，使其有利于相关领域进行下一阶段工作的安排和布置。反馈优化一般通过各种常规例会、重点工作评估、马应龙内参三种形式推进。

4.3.1 常规例会

常规例会主要是公司定期组织的中层及以上领导参加的述职和工作安排会议。主要包括月度绩效会、季度高层述职会、半年度经济工作会。它们从不同的时期，不同的侧面，围绕价值创造，对经营工作进行总结。

各个例会之间并不是相互割裂开的，检讨总结工作开展以月度部门绩效会为基础进行，层层递进。这也意味着，所有的检讨总结，必须以基层的真实情况为基础，并注重问题之间的相互联系，以及其所代表的一系列深层次问题。因此检讨式总结工作的开展必须把握真实性、互动性、延展性三个基本的原则，具体如表 4-3 所示。

表 4-3   总结例会表

例会	月度部门绩效会	高层述职会	中期经济工作会
参与人员	总经理、各部门负责人	董事长、总经理、各高级管理人员、各部门负责人（年度）	董事长、总经理、主管及以上员工
会议内容	当月工作总结、下月工作计划	当期工作总结、下期工作安排、高层综合素质测评（年度）	半年工作总结、下半年工作安排、董事长专题讲话
会议目的	发现工作问题，协调各部工作，评价中层月度工作绩效	总结公司工作，布置落实下期工作的贯彻，评价高层工作绩效	总结半年公司工作，布置落实下半年工作
召集时间	每月	每季度	半年

4.3.2 重点工作评估

重点工作评估是对马应龙在经营过程中关键和重点环节工作进行的专项评估。重点工作评估主要针对专项工作和重点督办工作,它们是经营活动的重点和关键,通过评估这些重点工作,能够把握公司经营中的重要环节和关键因素,对下期工作的开展提供参考。

对于专项工作,主要从及时、合理、合作三个方面进行评估。

(1)及时是对专项工作进展的时间要求。紧迫性是专项工作具备的一个典型特点,它要求专项工作必须按时推进,确保后续工作的开展不受到影响。因此,能够按计划进度完成是评估专项工作的重要条件。

(2)专项工作处在经营工作的关键节点上,对后续工作的开展产生着巨大的影响。因此,必须合理地布局,充分考虑到工作实际开展情况所产生的后果,避免因赶计划留下工作隐患,特别是潜在的不安定因素可能导致的后续工作产生不良连锁反应。

(3)高效的协作能力是衡量企业团队执行力的重要指标,更是专项工作顺利进展的重要保障。在专项工作中对相关各方的合作态度和行为进行综合的评价一方面对执行力建设提供必要的参考,另一方面也能及时地发现部门间工作出现的异常之处,并查找原因进行相应的调整,避免再次出现类似事件。

马应龙要求专项工作负责团队在专项工作完成时提交一份书面的工作情况汇报,对专项工作的开展情况进行客观的自我评价,同时向总经理办公室提交一份专项工作评价表(如表4-4所示)。

在专项工作评价表中对相关部门的配合情况论述要真实地反映各部门的配合情况,注意杜绝主观的揣测和臆断,防止对其他部门工作妄下结论。督导部门也要根据表中内容,对部门间的配合予以调查和了解,及时掌握异常和不妥之处的原因,采取有效的措施进行协调,并根据相关的情况向公司提交建议书以提高部门间协作的效率。

表 4-4   **专项工作情况表**

评价事项	内 容		
工作进度	原计划时间	实际完成时间	超前或滞后完成原因
工作状况	工作内容	主要困难及异常	可能的潜在风险
部门配合情况	参与部门	合作情况	

对重点督办工作，评价方式与专项评估工作类似。但督办工作有其自身的特点，与专项工作不同，督办工作往往在经营纲要中便已经确定，并且由于外界的原因，督办工作有可能放弃原来的目标或者退出，这都是专项工作所不具备的要素。因此，对于督办工作的评价，主要集中在对于主观失误所造成的目标不及或资源浪费所产生的损失进行评估，不断完善对预期测算的方法。

4.3.3 《马应龙内参》

《马应龙内参》是面向公司中高层管理人员的内部资讯平台，是以刊登或披露公司内部具有参考、警示价值的重大事件、深度新闻、决策建议等为主要内容的保密性内部参考资料。内参将及时反映企业管理中存在的问题、漏洞，反映企业经营一线的实际状况，反映当前工作中的困难与障碍；及时发布重大失职事件，对公司生产运营中发生的事故背后的原因进行深入的分析，总结经验、教训，并就医药、资本市场等深度报导信息及时搜集整理，提供参考。

内参由于其特定的性质，在编制的过程中要遵循真实性、深刻性、前瞻性及参考性，具体如图 4-2 所示。

（1）真实性。以事实说话，能够公正、客观、真实、准确地反映实际情况，不讲道理，不做评论。

（2）深刻性。突出所调查的事件和背景情况，突出典型案例，能够

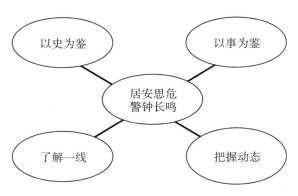

图 4-2　内参的意义

深刻地反映事件的因果，揭示问题的本质。

（3）前瞻性。内参所反映的内容具有一定的前瞻性和预见性，对公司未来发展发挥参谋作用。

（4）参考性。内参内容要切实能对公司决策起到参考和支持作用。

作为专项评估的重要组成部分，内参在经营执行过程中集中于对点作出快速、深度的反应，及时发掘工作的疏漏，并给予完善的建议，这对内参的编制人员提出了更高的要求。内参的编制帮助公司管理层及时掌握相关方面的动态，对公司经营活动的开展实时敲响警钟。

内参的编制对于企业经营有着重大的意义。通过对事件、问题进行专项、深度的分析和评价，使公司经营管理层能够快速掌握公司内外部的动态，及时学习经验教训，保持公司经营发展的正确方向。

4.4　总结提升

总结提升是马应龙对过去一个年度的工作进行回顾，对方针的制定、施行情况进行全面的审查，寻找、发现其中的疏漏和不足，并围绕下一年度的经营纲要和绩效要求，对具体经营工作进行部署。

4.4.1　年度工作总结

年度工作总结是对过去一个年度的工作回顾以及下一个年度的工作部

署，马应龙对于年度工作总结提出四个方面的要求。

一是"查目标"。要对照公司年度经营纲要及绩效责任书，据实总结年度实际目标任务达成情况，突出工作开展的重点和取得的效益。要对年度目标成果进行充分展示、拆解和检视，细化落实到分品种、分区域、分渠道、分模式及管理末梢和经营末梢，形成多层、多维的可评价结果。

二是"查问题"。要有针对性地查摆剖析过去一个年度工作中存在的主要问题，认真总结经验教训，做到主题聚焦、切合实际、把脉精准，能真实地反映本部门全年工作中的实际问题。同时，要从繁杂问题之中紧抓主要矛盾和矛盾的主要方面，深刻反思，指出解决问题的实施办法。

三是"查来源"。要切实认识和列示促进下一个年度目标达成的增量产出来源和资源投入来源。对于下一个年度计划中拟定的各项思路和措施方案，要重点查找增量来源，突出针对性和适配性，落实到岗位责任；要权衡估算所需资源投入的类别、分布及来源，为解决问题、达成目标提供决断依据。

四是"查举措"。要持续强化"举措意识"，摒弃"有思路无举措"的不良工作作风。应针对年度目标及计划制定相匹配的、可执行的实施举措和保障举措，并能对运行效果进行合理预判。通过理清思路、优选路径，确保实施举措从制度上可追溯、在流程上可执行、在结果上可检验。

马应龙每年度均会组织召开一系列经济总结会议，具体包括：主要业务板块工作总结会、主要运营系统总结会、绩效管理委员会会议、预算管理委员会会议、各专业委员会会议、安全/质量/风控/合规工作年会、年度总结表彰大会等专题会议，具体如表4-5所示。

表4-5 年度总结系列会议

会议名称	会议内容	参与人员
××业务板块工作总结会	当年年度工作汇报；××部门点评；下年度重点工作要求	总经理、分管高管、业务单元负责人、相关职能部室负责人
四大运营系统总结会	当年年度工作汇报；××部门点评；下年度重点工作要求	总经理、分管高管、各运营系统负责人、相关职能部室负责人

续表

会议名称	会议内容	参与人员
岗位设置与编制委员会会议	审议××年岗位设置与编制议案	岗位设置与编制委员会成员
绩效管理委员会会议	本年度绩效考核结果审议、年度奖励议案；下一年度绩效任务及奖励方案	绩效管理委员会成员
预算管理委员会会议	审议下年度预算预案	绩效管理委员会成员
安全、质量、风控、合规工作年会	下年度安全、质量、风控、合规工作部署、签订××年授权责任书	总经理、高层；各中心、事业部、职能部室负责人；各子公司总经理；安全、质量、风控、合规工作相关人员
年度总结表彰大会	年度工作总结、下年度工作安排、先进员工表彰	
……		

4.4.2　总结成果应用

马应龙将总结工作在原则的指导下有机地分为两个部分，对工作的评价和对总结的评价。这就意味着总结既要指出工作的结果，也要提取结果后面的本质。

对于工作评价将会在绩效管理系统中得到更为详细的阐述，而对于总结的评价则是"仁者见仁、智者见智"，这也正是董事会将根据这些总结召开专题的研讨进行详细论证的重要原因，以求能够得到正确的结果并加以应用。

总结工作的根本目的是通过对经验、教训的提炼和转化，使其转变为能够常态化指导公司开展日常经营活动的基本规则。因此，需要将年度方针中的基本策略和方法在实践的基础上进行提取和精炼，将其中有效的部分转化为下一年度的重点工作部署，适合长期推行的部分通过制度修订等各种方式，将它转化为公司常态化的经营工作，使其能够长效地发挥作用，具体如图 4-3 所示。

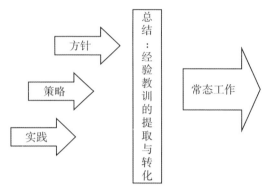

图 4-3　成果转化

4.4.3　成果文本汇编

制度汇编与白皮书是对公司方针成果进行汇总的两种表现形式。它们从不同的侧面总结了公司经营活动所取得的成绩。

（1）制度汇编是指对公司各项规章制度进行汇集、整理工作的统称。公司根据发展的需要和对经验、教训的总结，适时对公司各项规章制度进行补充、修订和完善，而这些规章制度在下发执行的同时，也有必要进行系统的整理和分类，以便提供给公司各个单元在需要时查阅。

实行制度汇编工作，对于公司而言有着两方面重要的意义。一是通过制度汇编，公司能够对现有规章制度进行梳理，使公司各项制度能够全面、分类、清晰地呈现，在指导工作开展的同时，方便公司各单元在有工作需要时方便查阅；二是制度汇编是公司进行自我研究的重要参考资料。通过各期的制度汇编，可以清晰地反映出公司发展的各个阶段在各种工作中所采取的措施和汲取的经验教训。这将为公司就发展的过程进行深入、细致的分析提供参考的素材。

通过制度汇编，公司经营工作的成果得到了转化，在制度上得以明确。并且，制度汇编对经营工作的梳理使公司经营发展，特别是使思路、方法的改变形成了一个连续的脉络，在提供参考依据的同时书写了一部公司经营思想史。

（2）白皮书是对过去一个时期马应龙经营工作总结和回顾的制度文本，它全面、完整、系统地反映了马应龙各个板块、单元在这个时期的发展状况和脉络，展示了公司在这个时期内的发展思路，同时在某种程度上反映了公司未来的一种发展趋势。白皮书是马应龙一项重要的成果总结制度，一般每五年编撰一次。

对于马应龙来说，白皮书的编制有着成果展示、梳理发展脉络、发现问题、提供参考四方面重要的意义。①白皮书的内容展示了工作的成果。它将五年来公司所取得的成绩进行了分类的罗列，它使公司的股东、员工能够感受到公司的成长；它把工作的经验进行了总结，为相关企业的发展提供可供借鉴的案例。②白皮书的编制梳理了公司发展的脉络。白皮书忠实地记录了公司五年发展的各个阶段，清晰地反映了公司各个单元在五年内的工作状况，展现了公司五年来的发展道路和趋势。③编制过程利于发现工作问题。白皮书的编制对于每个部门来说，是一个良好的审视和回顾的机会，由于期限长，潜在的很多问题能够得到有效的暴露，有利于相关部门进行改进和完善。④白皮书提供了后期的参考。白皮书的各个过程给公司和公司各层级提供了良好的平台，集中反映了公司发展的趋势和状态，提供了先进的经验，总结了不足和教训，为公司政策的调整和制定提供了最佳的参考。

不论是白皮书还是制度汇编，其最终的目的和作用都是为了对一个时期内的工作进行全面、系统的梳理。通过这种梳理，将各个时期方针取得的管理成果进行汇总，并把它们转变为日常经营的基本方式、方法，从而真正推动公司的持续良性发展，具体如图4-4所示。

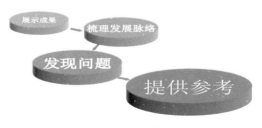

图4-4 白皮书的意义

4.5 尽职问责

尽职问责是指对公司高级管理人员、部门负责人以及关键项目负责人在分管范围内履行职责的情况进行调查质询，并追溯责任的制度。其目的在于增强公司中高级管理人员的责任感，完善公司制度体系的管理控制，建立多层次的管理沟通渠道，防止管理人员不作为，强化各项工作实施过程中的科学性、严谨性，不断提高工作效率和工作质量。

问责制的出发点是调查各项管理职能履行情况和关键项目进展情况，听取当事人的介绍和说明，判断当事人是否尽职尽责。问责过程中发现有失职渎职问题的，可追究相应责任。

4.5.1　基本原则

问责制度的开展必须遵从以下几个基本原则。

（1）权责对等。被问责项目当事人的权力应当与其所承担的责任相适应，不能超出其所应承担范围。

（2）责任明确。必须根据权责对等的原则明确划分被问责项目责任部门和责任人所应当承担的责任的内容。

（3）实事求是。问责内容必须充分、完全地反应事实的真相，不得有任何虚假、隐瞒。

（4）"三公"原则。公平、公正、公开，这是对问责的总体要求，权责对等才能体现公平，责任明确才能实现公正，实事求是才能做到公开，具体如图4-5所示。

4.5.2　问责情形

问责对象为公司高级管理人员、部门负责人以及关键项目负责人。问责对象有义务在董事会形成问责议案后积极配合问责的实施，包括提供书面说明材料、参加问责会议、回答问责团的各类问题及质询、落实改进意见等工作。

图 4-5　问责的原则

问责的内容主要包括但不限于以下几个方面。

（1）执行不力，致使工作严重滞后计划目标或影响公司整体工作部署的，比如，对股东大会、董事会、总经理办公会等上级决议拖沓不执行或执行不力的，导致严重滞后计划目标或拖慢整体进展；未完成公司各项制度、规定中明确指明应由其承担的工作任务或未认真执行公司的指示、决策和交办事项。

（2）责任意识淡薄，致使公司利益遭受损失或造成不良社会影响的，比如：在经营管理活动中，未采取有效防范措施而发生重大责任事故；在事关公司利益的重大突发事件发生时，拖延、懈怠、推诿塞责，未及时采取必要和可能措施进行有效处理；瞒报、虚报、迟报重大突发事件或重要情况、重要数据。

（3）管理不严、监督不力，造成严重不良影响或其他严重后果的，比如：对分管部门职能范围内的工作未能及时掌握和指导，造成不良影响或经济损失的；管理不作为或监督管理不力，致使所分管范围发生严重违法违纪行为的，或对职责范围内重大事件知情不报，或谎报、迟报的。

（4）公司董事会认为应当问责的其他情形。

总的来说，纳入问责的项目是公司经营活动中已经或者可能产生重大影响，对其研究总结具有典型代表意义。

4.5.3 问责程序

在马应龙实施问责，一般包括启动、实施、执行、督导四个阶段，其主要工作流程如图 4-6 所示，各环节职责内容如表 4-6 所示。

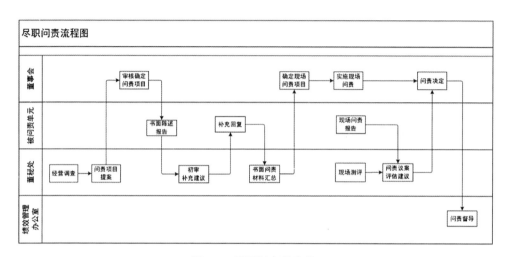

图 4-6 尽职问责的流程

（1）问责启动。一般包括以下两种情形：一是董事会秘书处根据 4.5.2 的问责情形，收集公司信息，据实查证后向董事会提交问责提案，由董事会决定是否立项实施。二是董事会根据掌握的经营管理情况，或出于了解项目进展或职能履行的目的，可提出问责提案。

（2）问责实施。一般分为书面问责和现场问责：董事会秘书处根据董事会确定的问责议案，书面通知责任团队，接受问责并提交书面陈述报告。董事会根据书面陈述报告及问责议案的具体需要，明确现场问责项目，确定问责团成员。董事会秘书处负责组织召开现场问责会议，并开展测评。

（3）问责执行。董事会秘书处根据问责会议及测评结果形成问责议案评估建议。董事会根据评估建议形成问责决定，并对责任团队实施相应奖惩措施，在公司内部通报。

表 4-6   问责流程各节点说明

活动名称	执行人	职 责 内 容
经营调查	董事会秘书处	董事会秘书处将对公司一年来经营工作进行梳理，对经营工作中出现的重大问题进行分析，寻找影响经营工作的重大因素
问责项目提案	董事会秘书处	董事会秘书处根据自身研究结果，初步确定可问责项目，并向董事会提交问责建议书
审核确定问责议案	董事会	董事会根据公司全年经营情况，结合董事会秘书处所提交的书面报告，对公司各项工作进行评议，确定年度问责项目，并对项目相关情况进行综合衡量，将以对公司经营产生影响的程度和具有代表的意义划分，决定问责项目开展的方式
书面陈述	被问责单元	被问责单元根据董事会通知，提交被问责项目的书面陈述报告至董事会秘书处
初审/出具补充建议	董事会秘书处	董事会秘书处根据问责的原则，对提交材料进行初审，并出具补充意见，要求被问责单元补充回复内容
补充回复	被问责单元	被问责单元根据意见，对书面问责材料进行补充和完善
书面问责材料	董事会秘书处	董事会秘书处汇总回复，编制书面问责材料提交至董事会
确认现场问责项目	董事会	董事会根据书面问责材料及问责议案的具体需要，明确现场问责项目，确定问责团成员
实施问责	董事会	董事会对现场问责材料进行审议，并实施问责
	董事会秘书处	董事会秘书处组织召开现场问责会议，并开展现场测评
	被问责单元	被问责单元现场陈述报告，并对现场提出的问题进行回复
问责执行	董事会秘书处	董事会秘书处根据问责会议及测评结果形成问责议案评估建议
	董事会	董事会根据评估建议形成问责决定，并对责任团队实施相应奖惩措施，在公司内部通报
问责督导	绩效管理办公室	由绩效管理办公室对问责项目进行事后跟踪督导

（4）问责督导。加强对问责项目的事后跟踪督导，由绩效管理办公

室督导落实。

4.5.4 问责追究

1. 追究方式

董事会将根据问责事项造成的后果，以及在问责中相关方责任的认定，以单独或者合并的方式作出追究处理决定，一般包括：口头警示；书面检讨；通报批评；给予警告、记过、诫勉约谈、降薪、待岗培训、撤职等行政处罚；给予扣发当年奖金、取消当年评优评先资格等经济处罚；责令辞职或解除劳动合同；法律法规规定的其他方式。以上追究方式可以单独使用或者合并使用。

2. 责任划分

在问责的处理中，最为重要的是对责任的划分，划分的原则遵从问责开展的原则。通常而言，马应龙将问责对象所负的责任根据问责事项造成的后果可分为一般责任、严重责任，根据公司《问责制度》规定：

（1）对于一般责任的直接责任人、领导责任人，可以单独给予或者合并给予口头警示、书面检讨、通报批评、警告、记过、诫勉、扣发奖金、取消评优评先资格等处理。

（2）对于严重责任的直接责任人、领导责任人，可以单独给予或者合并给予扣发当年奖金、取消当年评优评先资格、降薪、待岗培训、撤职、或责令辞职等处理。

对于直接责任和领导责任的划分从字面上不难理解。对于领导责任的划分，马应龙坚定地认为虽然公司相关领导不可能做到事无巨细，对每一件事都亲自过问，但作为负责人必须承担相应的过失，这是权责对等的一种体现。因此在处理的过程中，相关领导人必须同样给予一定程度的处罚。

需要指出的是，处罚作为问责处理的一种手段只是很小的一部分，不论是对于事件还是问责本身而言作用有限，更多是希望通过这种形式对他人予以警示。而在处罚背后的查漏补缺才是问责的根本目的，才是问责实施的核心和根本。马应龙坚持将问责的成果从制度和工作中予以体现，并通过下期经营纲要的编制和相关制度的修订进行贯彻和落实。

总体而言，问责制度的实施有利于增强各级员工的责任心，有利于完善领导干部的任用选拔机制，有利于整顿公司管理层治理机制，对建立健全现代企业制度，提高经营管理水平有着极为重要的作用。

案例 4-1

问责，不只是对错误的追查

在企业经营中，很多员工，甚至某些领导也认为问责是对已经发生的错误进行追查，这显然对问责有一定的误解。诚然，问责一方面是对已经发生的事故进行事后责任追究，但同时它也是董事会对影响公司经营的一系列重大问题进行深入了解和探讨的一种有效手段，并通过这种手段使经营层清楚当前工作进展，提示责任人积极、认真、务实地履行自身职责。

问责是马应龙长期执行的一项基本政策，多年来，公司以多种形式对不同的项目进行过问责。其中一些项目对公司经营产生了不利影响，另一些则是对公司经营有重大影响。2009 年公司再次对治痔类产品市场营销状况进行问责，就产品系列化进展和市场影响状况对相关部门和责任人进行了深入的询问，并提出指导意见，为治痔类产品持续快速地发展提供了有力的支持。

通过问责，公司提高了广大员工的使命感和责任心，有效地控制了经营风险的危害，对公司经营的发展提供了有力支撑。

5 绩效管理系统

绩效管理系统是马应龙方针管理系统的两大支撑系统之一，给予人力资源方面的协调保障。绩效管理系统是指公司与所属各单位、员工之间就绩效目标及如何实现绩效目标达成共识，并帮助和激励各单位达成各自绩效目标，从而实现企业整体目标的管理过程。

绩效管理系统是在方针指导下，根据《年度经营纲要》的公司绩效目标要求，结合各单位的价值创造，协调、组织、引导公司各单元依据各自的价值点，对绩效目标任务进行层层分解，制定相关绩效责任书，并根据公司对绩效管理的相关规定对各单元绩效责任完成情况进行监督、跟踪和适时调整的工作系统。通过绩效管理系统，公司可以将基于方针确定的年度战略目标自上而下分解到各所属单位，从而将战略目标落实到公司的每个层级，在绩效管理过程中，对各所属单位的工作进展情况进行跟踪和分析，找出薄弱环节及时改进，从而推动公司整体目标的达成，持续提升马应龙绩效经营水平。

5.1 绩效管理概述

5.1.1 绩效管理的运行机制

首先，在年度方针指导下，将行动纲领转化为行动计划，在此基础上确定整体业绩实现的衡量指标，明确公司前进的方向；其次，对战略目标进行逐层分解，围绕价值创造，基于各单位的价值点，制定各层级绩效任务，明确各单位的工作目标，激发各单位的工作主动性；再次，通过对绩效过程的监控，及时纠偏；最后，通过对绩效结果的分析与评估，查找薄弱环节，发现问题及时改进，并应用于下一阶段绩效目标的设定，最终不断提升公司绩效水平，推动方针管理的有效有序实施。

5.1.2 绩效管理目的与实施原则

绩效管理的目的主要体现在三个方面：一是促进方针管理的顺利实施，从机制上促进《年度经营纲要》的有效落实，确保公司战略目标的达成；二是客观衡量各单位对组织的贡献水平，为后续组织架构的调整、人员的任用和薪酬调整提供依据；三是客观记录组织运行数据，发现组织运作中的薄弱环节，为后续流程的优化和变革提供依据；四是通过对基于价值点的目标设定、绩效跟踪与监控等手段，促进各单元实现价值贡献。

绩效管理的实施要遵循指导性、价值创造、科学性和共同发展四个基本的原则。

（1）绩效管理的目的是推动公司经营目标的达成，其实施要根据方针的指导原则，围绕公司的经营目标开展。应在方针管理的指导下，结合各单元的价值点，进行绩效目标的制定、分解、实施、监控和反馈等管理活动。

（2）绩效管理工作要主次有序，突出价值创造，强化目标管理，主抓最能体现各单元价值贡献的重点专项工作，对公司经营工作的重点环节和关键节点要有针对的措施予以强化和促进，同时要兼顾各单位的长远利益和短期利益的平衡。

（3）绩效管理要有明确科学、客观的程序和方法。以科学合理的方式制定绩效目标，并将目标层层分解落实，分级组织，逐层考核。做到在绩效管理中快速确定影响工作的关键问题，并强化增量激励与考核，促进绩效工作的开展。

（4）绩效管理要体现出各单位、各团队的贡献，促进整体与各单位的共同发展与成长，确保整体目标与各单位目标的一致性，从而将考核结果与各单位的具体目标结合起来，使各单位从思想上重视绩效的达成，在实现经营目标的同时，明确体现各单位的贡献和价值。

5.1.3 绩效管理的组织机构

马应龙绩效管理体系是一个以绩效管理委员会为核心，绩效管理办公室和绩效考评小组为辅助的三级绩效管理组织机构。

绩效管理委员会代表董事会行使绩效管理职权。主要负责总体部署绩效管理工作，统筹规划、组织协调绩效管理工作的推进落实；组织对全局性、基础性、政策性问题的调研，提出解决方案并组织实施；负责审定各系统的绩效考核方案及考核指标设计；负责组织考核信息的收集汇总、交叉核实；负责绩效考核结果的终审裁定，接受申诉；负责组织绩效管理专项工作的督导检查，强化绩效沟通及跟踪；负责组织对各系统绩效管理的培训指导，优化绩效改进，促进公司整体绩效管理能力的提升等。绩效管理委员会主任由公司董事长担任，副主任由公司总经理担任，委员由公司高级管理人员及相关部门负责人担任。绩效管理委员会通常为每季度首月组织召开，以绩效管理领导小组审议形成绩效管理与考核方案、绩效责任书和绩效考核结果等形式进行，重点审议公司及各系统绩效管理与考核方案、各中高级管理人员绩效责任书、绩效考核结果以及绩效管理工作专题议案等。

绩效管理办公室是绩效管理委员会日常办事机构，设在人力资源中心，主要负责绩效管理委员会基础事务性工作，具体协调绩效管理工作的推进落实；负责开展绩效管理专项调研，提交报告供绩效管理委员会参考决策；负责拟订或协助拟订各系统的绩效考核方案及考核指标设计；负责收集、核实绩效考核信息，保证及时性、真实性、准确性和完整性；负责组织对相关考核对象绩效进行初步评议，并报绩效管理委员会审定；负责接受员工绩效申诉，核实相关情况并提交绩效管理委员会；负责具体实施绩效管理的专项督导、现场检查、培训指导等。绩效管理办公室由公司人力资源总监担任组长，各中心、部室专人作为成员参与，通常每季度首月召开一次季度例会，主要审查拟报绩效管理委员会审议内容，重点审议绩效制度执行情况检查报告。当有需要进行组织、通知、审查、协调等工作事项时，随时采取联合办公的形式开展。

绩效考评小组由绩效管理办公室从各部门抽调成员组成，负责具体实施各部门及所属公司的绩效核查工作。根据绩效管理办公室提供的各部门及所属公司绩效责任书对相关工作的推进情况及结果进行核查，讨论并出具初步评分意见，并对考核结果的真实性负责。

5.2 绩效管理系统的内容

绩效管理系统的内容主要包括绩效目标、绩效指标值和权重、绩效考核评分方法、绩效任务监控评估以及绩效结果的运用。

5.2.1 绩效目标管理

1. 绩效目标设定的原则

（1）方针导向。绩效目标的设定应遵循方针导向，在方针指导原则下，围绕《年度经营纲要》，提炼纲要中涉及的重点工作，并匹配到相应单位的任务目标中，在此基础上层层分解到个人。

以《2021年度经营纲要》为例，纲要中指出，要"深入洞察客户需求，把握市场趋势，匹配产品价值"，因此在绩效目标设定过程中将客户需求的满足工作分解到与外部客户相关的各营运单元中。例如，要求健康研究院"统筹建立客户需求信息的获取渠道，开展客户需求分析，发现具有市场价值信息"；要求销售中心"加快建设客户关系管理系统，深入开展客户洞察，挖掘客户价值，发现市场机会"；要求品牌经营部"对客户人群进行画像，着手构建数字化用户体系，用于精准营销"等。在此基础上，进一步将部门目标分解到员工个人绩效责任书中。通过对经营纲要的层层分解，确定各层级的绩效目标。

（2）价值点导向。绩效目标的设定应遵循价值点导向，价值点是实现价值创造的关键成功因素，在绩效目标设定过程中，应基于各单位的价值点确定各单位相对应的任务目标，以实现价值创造。以人力资源中心的绩效责任书为例，人力管理的价值点是"引进人才、培养人才、淘汰冗员、人力效率"，在"引进人才"的价值点导向下，人力资源中心的目标包括"制定《人才引进管理办法》，明确中高层人才引荐责任""加强人才标准的应用性，出具与人才标准契合的标准化简历模板"等，在其他价值点导向下，也分别对应相关的任务目标。

（3）人格化导向。绩效目标的设定应突出人格化特征，对中高层管理人员突出人格化考核，而非局限于部门管理工作。以中层经理的考核为例，中层经理的绩效责任书中除了部门管理工作外，还包括个人专项工作。根据《2021年度经营纲要》中的公司绩效目标要求，结合方针指导原则，将个人专项工作确定为以个人为主导开展的公共关系维护工作、价值创造工作以及协同性工作，后期将根据方针的持续完善以及经营纲要的侧重点，动态调整个人专项工作。

2. 绩效目标设定的方法与要求

绩效管理领域应用的管理工具方法，一般包括关键绩效指标法（KPI, Key Performance Indicators）、平衡计分卡（BSC, Balanced Score Card）、目标与关键成果法（OKR, Objectives and Key Results）等，马应龙采取的绩效管理方法是基于职责目标的关键指标法（DOK, Duty Objectives Key）。

在年度方针指导下，绩效目标应遵循平衡性、准确性和可衡量性的设定要求。平衡性体现在既要反映长期绩效，也要反映短期绩效；既要体现收益，也要体现风险。准确性体现基于各单位价值点所设定和选取的绩效目标应能准确体现重点工作的完成情况，并准确体现价值贡献。可衡量性体现在选取的绩效目标可以在现有管理水平下被观测和检验。

3. 绩效目标设定的周期

根据考核周期的不同，绩效目标分为年度绩效目标与季度绩效目标，年度绩效目标是根据公司年度经营纲要确定的年度预期达到的产出和效果，应当具体、可衡量、可实现。季度绩效目标是在年度绩效目标分解的基础上，结合发展现状所预计的季度内可实现的产出和效果。

4. 绩效目标的内容

根据绩效任务的不同，绩效目标可分为经营指标、专项工作、协同工作、督办事项、管理指标和附加指标等类别。定量指标可以明确量化、精准衡量，定性指标无法直接通过数据进行核算和评价，通常需要对《年度经营纲要》中涉及的绩效任务加以提炼，并基于各单位的价值点对指标进行细分和细化，尽可能做到可衡量、可体现价值。

表 5-1　　　　　　　　　　马应龙绩效目标体系

类别	定义/细分类别		举例
经营指标	规模指标	规模贡献指标	销售回笼、销售收入、净利润
		成长贡献指标	主导产品销售额/销售量、新产品/新业务的利润/毛利贡献占比、新产品引进/开发数量
	效率指标	投入产出指标	投入产出比、销售费用率、产值成本率、综合毛利率
		人均效能指标	人均销售收入、人均产值、单工时产值
	营运指标	营运指标	一次合格率、成品率、质量投诉、质量事故、安全事故、原材料单耗、现款回笼占比、应收账款余额占比、产销匹配度、存货周转率、总资产周转率等
专项工作	专项工作是保证对公司战略目标和各部门经营目标达成的举措，通常为结合公司经营策略和各板块价值点确定的重点工作		完成某产品的研发；完成某方案的制订和落实等
协同工作	协同工作是非本单位主导，但要求本单位参与或配合完成的工作，通常由主导单位评价		协同完成某产品的上市；协同开展对子公司的帮扶

类别	定义/细分类别		举例
督办工作	纳入督办工作范畴的工作事项通常包括公司年度经营纲要和绩效责任书中明确提出的工作事项；董事会及其专业委员会、总经理办公会议、董事长或总经理召集的专题会议议定事项；董事长或总经理批示事项及临时交办事项；董事长或总经理认定的其他需督办事项等。普通员工的督办事项除了上述会议涉及的督办工作，还可以是各基层单位内部临时布置的一些重点工作		限期内完成某制度的发布
管理指标	工具运用	要求各单位充分利用绩效管理和预算管理两大管理工具，实现工作事项和资源配置的对接与平衡	部门预算超出限额
	风险管理	要求各单位强化各自领域内的风控管理，提升风险应对能力，不发生重大风险事件	未报送风险事件
附加指标	附加指标包括加分考核项目和扣分考核项目，属于对既定绩效指标的补充。加扣分项目统一于季度末/年底视贡献度或情节严重程度给予酌情加扣分		发生一起重大事故；获得国家级奖项

5.2.2 绩效指标值和权重管理

绩效指标值的确定应遵循"高标准"的原则，在方针管理模式的指导下，将《年度经营纲要》中的目标值对应到各相关经营单元的经营指标值中，并进行分解和细化。在整体目标值的确定过程中，会参考同行业标杆企业的完成情况，与相关部门充分沟通，制定有挑战性的目标；在目标值的分解中，遵循既定的比例规则，同时兼顾员工的实际工作能力和工作水平，保证在一定概率内可以实现。

绩效指标值的确定可参考内部标准与外部标准。内部标准有预算标准、历史标准、经验标准等，外部标准有行业标准、竞争对手标准、标杆标准等。马应龙经营指标的目标值通常基于方针管理和《年度经营纲要》中涉及的目标进行分解和细化，按照不低于上年增长率的原则制定。

指标权重是指标在评价体系中的相对重要程度。指标权重的确定通常运用主观赋权法和客观赋权法。主观赋权法是利用专家或个人的知识与经验来确定指标权重的方法，如德尔菲法、层次分析法等。客观赋权法是从指标的统计性质入手，由调查数据确定指标权重的方法，如主成分分析法、均方差法等。马应龙指标权重的确认通常为主观赋权法，根据经营方针，结合各单元的价值点，确定重点工作，加大其考核的权重。通常价值贡献越高的工作，考核权重也就越大。

5.2.3 绩效考核评分方法

绩效目标值及权重确定后，需要明确绩效考核的评分方法。绩效考核评分方法是结合指标权重，衡量实际绩效值与评价标准值偏离程度，对不同的等级赋予不同分值的方法。

表 5-2　　　　　　　　　　马应龙主要绩效考核评分方法

指标类别	主要评分办法
规模指标	实行正向评分制，超额完成工作可适当加分，但每项最高得分不得超过标准分的130%，且指标完成率50%为得分下限，即任务完成率未达到50%，则该项得分为0分，任务完成达到或超过计划的50%，按照相应计分办法计分
	不存在挑战指标的规模指标主要采取增量计分或进度计分： （1）增量计分法：得分=权重 * （0.6+0.4 * 实际增量/计划增量） （2）进度计分法：得分=权重 * （实际完成数/计划完成数）

指标类别	主要评分办法
规模指标	对于既存在平行指标又存在挑战指标的规模指标，采取分段的增量计分法和进度计分法： （1）增量计分法：①当实际完成低于去年同期，得 0 分。②当去年同期<实际完成≤平行目标，采用基于平行目标的增量计分法（即：得分 = 90% * 权重 * (0.6+0.4 * 实际增量/计划增量)）。③当平行目标<实际完成<挑战指标，即可得到权重的 90%，超额部分采用区间进度计分法（即：得分 = 权重 * (90% + 10% * (实际完成值-平行目标)/(挑战目标-平行目标)))。④当实际完成≥挑战指标，采用基于挑战指标的增量计分法，110%权重。（即：得分 = 110% * 权重 * (0.6+0.4+1.5 * 超额增量/计划增量) （2）进度计分法：①当实际完成低于去年同期，得 0 分。②当去年同期<实际完成≤平行目标，采用基于平行目标的进度计分法（即：得分 = 90% * 权重 * 实际完成/平行目标）。③当平行目标<实际完成<挑战指标，即可得到权重的 90%，超额部分采用区间进度计分法：（得分 = 权重 * (90%+10% * (实际完成值-平行目标)/(挑战目标-平行目标)))。④当实际完成≥挑战指标，采用基于挑战指标的进度计分法，110%权重。（即：得分 = 110% * 权重 * 实际完成/挑战目标） 部分规模指标由于存量较大或者新业务不确定性较大，按照进度或者增量计分时，达到目标可得满分，超过目标不加分，只有超过存量或者达到某特定目标值才可以加分，例如政府资金、理财收益
效率指标/ 营运指标	营运指标和效率指标主要用百分点计分法、扣减计分法或零/一计分法： （1）百分点计分法：控制在一定范围内的百分率指标，基本采用百分点计分法，指标控制在目标比率内，得满分；优于或劣于目标比率百分点的，扣一定分值，具体以各单位绩效责任书为准 （2）扣减计分法：个别指标由多个不可拆分或相关性较大的小指标构成，采用扣减计分法，指标全部达成，得满分，有一个小指标未达成，扣 0.3—0.5 分，具体以绩效责任书为准，例如"三低一高"指标 （3）零/一计分法：安全事故和质量事故、信息安全事故、合规事故等采用零/一计分法，发生重大事故即得 0 分，其他事故按照事故大小及影响程度酌情扣分

指标类别	主要评分办法
专项工作	对于有明显量化指标的专项工作，规模类的基本采取进度计分法，比率指标一般采用百分点计分或视完成情况扣一定比例的分值，一般来说，未完成的工作至少扣权重的30%
	对没有量化，但在时间、进度等衡量尺度上具有较强刚性且属于重点任务范围内的，通常只有"按时完成""延期完成"与"没完成"几个标准，因此只适用"标准分""在标准分范围内酌情扣分"和"0分"几档评分标准
	对没有量化、弹性又较大的专项工作，已完成的工作通常有"按要求完成""完成质量有瑕疵""完成效果较差"等几个标准，其中"按要求完成"得满分，"完成质量有瑕疵"的至少扣权重的10%，"完成效果较差"至少扣权重的30%，具体视完成质量和对后续工作的影响评价。部分工作当期考核未扣分或扣分力度较小，但后期产生了较大的不良影响，可追加扣分
	对未完成的工作根据工作完成进度、未完成原因以及对工作的影响程度扣分，原则如下：因客观原因未完成，且离目标差距很小，不影响后续工作进度的，扣权重的10%；主观上付出较大努力，积极采取应对措施，但受到不可预测的客观原因的影响，未按进度完成绩效任务，影响后续进度的，扣分＝权重＊30%；主观上付出较大努力，积极采取应对措施，但对客观原因造成的影响预计不足，未按进度完成绩效任务，影响后续进度的，扣分＝权重＊50%；主观上付出一定努力，采取部分应对措施，但无实质性推动，影响后续进度的，扣分＝权重＊70%。上一个考核周期内未完成，下一个考核周期内仍未能完成的，须加重扣分
协同工作	主要由绩效管理办公室组织相关部门进行评价，根据评价结果综合评分
督办事项	督办事项由督办工作小组根据每月/每季度的绩效跟踪情况进行评价，因督办事项的数量不同，且工作重要性也不同，改变过往平均单个事项分值的做法，未完成督办事项的，可不受分值限制，具体由绩效管理办公室或类似机构视工作重要程度、完成进度、影响程度等酌情扣分

续表

指标类别	主要评分办法
管理指标	工具运用主要是绩效管理和预算管理工具的运用，根据预算管理考核细则和绩效管理考核细则扣分，分别由绩效管理办公室和预算管理办公室或类似机构提供扣分依据
	风险管理主要根据风控管理办公室的考核细则和风险事件情况进行扣分，由风控管理办公室执行，若发生的风险事件影响较大，可不受该项分值限制，具体由绩效管理委员会决定
	法律事务部就合同管理进行评价
附加指标	加分考核项目是为鼓励被考核部门积极完成基本考核项目之外的、客观上具有较大的不确定因素、难度较大且能够为公司作出较大贡献的工作而设，加分必须满足以下条件： （1）所承担的公司重点专项工作完成情况超出预期效果，并得到公司领导认可 （2）公司主要经营指标完成超出进度目标 50% 以上的 （3）提出创新方案或建议，经实施取得显著效果的 （4）超出部门（岗位）职责为公司作出显著贡献的 （5）防范与处理重大危机事件，为公司挽回重大损失的
	扣分考核项目是为处罚被考核人因履行职责不到位影响公司经营运作或者对公司品牌形象、企业声誉带来不利影响，或者给公司造成损失的，以及所辖范围内发生重大事故或出现危机事件，给公司带来负面影响的工作，根据扣分事项对公司负面影响的程度酌情扣分

5.2.4 监控评估管理

监控评估主要体现在对实现绩效目标过程的监控以及绩效结果的考核上。一方面，在实现绩效目标的过程中，需要持续进行跟踪和监控，确保出现偏差时可以及时纠正，并持续促进效率的提升，以保证整体方针战略的有效有序实现；另一方面，在考核周期结束时，需要对相关单位的工作结果作一个科学的评价和衡量。

监控评估的主体包括绩效管理委员会、绩效管理办公室、绩效考评小组。其中绩效管理委员会主要由高层管理人员组成，是绩效考核结果与申诉的最终审定机构；绩效管理办公室负责全面推进公司各项绩效管理工作，实行联合办公机制，从相关中心、部室抽调专人组成；绩效考评小组从各单位抽调，对初评结果负责。

监控评估的运行程序包括跟踪、反馈、考核、申诉处理等。跟踪主要通过董事长或总经理专题会、专项工作报告、季度绩效调度会、督办等方式进行定期或不定期跟踪，并与绩效目标对比，便于了解经营目标达成情况和重点专项工作的推进情况，在此基础上明确下一阶段的工作计划或提出下一阶段的工作部署。反馈分为阶段性反馈和结果性反馈，阶段性反馈是根据跟踪的情况对被考核单位提出提示、警示、通报等，并根据实际工作开展的需要，提供必要的帮助和支持；结果性反馈是根据考核周期内的完成情况，将考核的加扣分事项向考核对象反馈。马应龙的考核周期分为月度、季度和年度考核，具体视各单位的业务性质确定。月度绩效评价一般适用于车间一线，季度评价一般适用于业务部门和管理部门，半年度绩效评价一般适用于公司高层，年度绩效评价适用于公司各单位。考核结果反馈后，各单位如有疑问可进行申诉，由绩效委员会进行最终核定。

5.2.5 绩效结果的运用

绩效结果主要用于组织目标的改进与考核对象的奖惩两个方面。一方面，根据绩效结果，整合各板块做得好的地方与有待改进的地方，通过梳理分析，找出不足，探寻改进的方法并纳入下一阶段的目标中；另一方面，将员工的考核结果应用于薪酬的调整、职位的调整、奖项评选、培养方案的制订以及绩效体系的完善优化等方面。

马应龙绩效考核的结果一是与各单位的薪酬福利的分配挂钩，各单位年度综合考核得分影响内部员工的效益工资。二是与各单位的奖项评选挂钩，各单位的年度考核结果与其申报的奖项评选挂钩，作为各奖项评选的重要条件之一。三是应用于绩效管理体系的优化完善，总结实际绩效工作开展中的经验教训，分析不足及短板，并持续改进优化。四是通过各单位业务的横向对比，分析各单位的优劣势，为后期的组织架构调整和业务调整提供依据。

5.3 绩效管理系统的运行

绩效管理从方针制定完成后与实施工作同期启动，它是对方针实施计划的补充和调控。绩效管理系统由六个主要的部分组成：目标设定、目标分解、目标跟踪与监控、目标修正、绩效考核与评估、结果运用。

5.3.1 目标确定

通过信息的收集与分析，公司能够掌握当前内外部经营环境的变化，并立足于实际，结合长远的发展目标，根据当前情势制定出合理的工作方针，并依据方针制定年度经营纲要指导公司各个板块开展工作。马应龙绩效目标主要是基于方针制定的年度经营纲要中提炼的重点目标，并通过价值创造体系运转完成。各层级的目标设定必须遵循经营方针的目标内容，在此基础上分解制定。主要步骤包括：搜集分析信息、初设目标、沟通修订、上会审批、确定目标并下发。

第一步，搜集分析同行业信息，研判行业发展趋势，明确公司年度方针和《年度经营纲要》，结合往年完成情况对现有能力进行客观评估，确定大体的发展思路。

第二步，初设目标，根据公司内外部环境的分析，基于经营方针的目标内容和《年度经营纲要》的要求，结合各单位的价值贡献点，初步设立经营目标，形成各单位的年度绩效责任书初稿。

第三步，与各单位探讨目标的合理性与可衡量性，尽可能量化目标，做到高标准、可衡量，对于不符合要求的目标，及时修正调整。

第四步，上会审批。通过绩效管理委员会，对各单位的绩效责任书进行审议，通常包括高层年度绩效责任书、本部各部门及所属公司绩效责任书、本部中层及所属公司总经理绩效责任书等，明确目标、计分方式、权重等要素。

第五步，确定目标并下发。组织各单位签订年度绩效责任书，并存档备案，为后期绩效跟踪作准备。

公司各单位经营目标设定的负责人是绩效管理委员会，辅助机构是绩效管理办公室，内容包括经营指标、专项工作、协同工作、管理工作和附加考核。经营指标主要来源于经营方针和公司《年度经营纲要》，专项工作以价值点为导向进行分解，协同工作主要为各单位之间的相互协同情况，管理工作体现的是包括绩效管理、风险管理、合同管理等在内的各单位管理职能。总体而言，各单位的目标设定必须遵循经营方针的目标内容，且工作目标任务应体现价值创造，在此基础上分解制定。基于绩效管理"向基层延伸"的工作方针，公司单独建立了销售中心、生产中心绩效管理体系。在整体绩效管理系统的指导下，对销售中心、生产中心绩效管理体系进一步细化。

5.3.2 目标分解

各单位的绩效目标通常需要从年度分解到季度。各单位年度绩效责任书中的经营指标和重点专项工作应根据指标和重点专项的计划进度分解至每个季度，同时将每季度临时新增的重点专项工作也放到季度绩效责任书中，确保各项工作按期达成。从年度分解到季度的主要步骤包括：确定目标分解的原则、各单位拟定初稿、审核修改、确定目标并下发。

第一步，确定目标从年度分解到季度的原则，通常线下业务单元经营指标各个季度按照90%、100%、95%和100%的比例下达；线上业务单元经营指标按照80%、90%、95%和100%的比例下达；专项工作按照方案的推进计划下达，并根据实际完成情况适时调整。

第二步，根据年度绩效责任书以及绩效目标分解的原则，由各单位拟定各个季度的绩效责任书初稿。

第三步，对比年度和分解到季度的绩效责任书，将年度重点工作一一对应到季度的计划，结合实际工作的完成情况，进行季度目标的修正。

第四步，确定季度目标，并进行书面化确认。

5.3.3　目标跟踪与监控

目标跟踪与监控是确保目标能如期达成的重要环节，主要步骤包括：信息搜集、研究分析、反馈辅导。

第一步，搜集绩效目标完成情况的相关信息。公司通过多种渠道、多种工具建立了对各单位的绩效跟踪体系，主要有：定期召开的各类绩效会议、各单位提交的报告以及月度督办事项的跟踪等。公司的绩效会议形式分为各部门周/月/季度绩效会议、中高层月度绩效会议、绩效管理委员会季度绩效会议、季度经营分析会、各类总结会等；各单位提交的报告主要涉及重点工作的完成情况或拟订的工作计划；月度督办事项由总经理办公室及绩效管理办公室定期更新，内容为公司领导要求的重点工作。

第二步，对目标跟踪的结果进行研究分析。基于各类绩效会议、各单位的报告以及督办事项的完成情况，对照目标要求，及时发现问题并纠偏，并深入分析目标未按照预期达成的原因，针对性地制定相应的措施。

第三步，及时将绩效跟踪的结果予以反馈，并提供必要的辅导和帮助。现阶段，马应龙对各单元的绩效结果反馈方式主要为公示或警告，对于长期未达成目标且预期难以扭亏的单元，公司适时采取组织架构重组的方式进行调整。

目标跟踪与监控需要重点关注客观性的工作结果，平衡好授权与监控之间的关系，并采取配套的奖惩措施。

5.3.4　目标修正

基于绩效目标的跟踪结果，在绩效运行过程中，受某种因素的影响，导致绩效目标设置出现偏差，可对当年度绩效责任书的目标进行调整修正。目标修正的情形主要有目标过高、目标过低和目标偏差三种类型。目标过高通常由于订立目标之时高估了个人的能力或所掌握的资源条件、对市场形势产生过于乐观的判断，或者出现不可抗力导致目标难以达成；目标过低的原因在于突然出现重大利好或者高估了市场壁垒，导致目标达成较为容易；目标偏差主要在于为应对市场的快速变化，对目标需要进行调整。目标的修正一般应遵循各单位的价值点，基于价值贡献的方向变化进行调整，不能背离指导方针和《年度经营纲要》的要求。

各单元目标修正的主要步骤包括：发布通知、提出建议、审议执行。

第一步，每年度中旬，由绩效管理办公室发布年度绩效责任书调整通知。

第二步，各单位结合实际提出目标调整建议，并说明理由。

第三步，由绩效管理办公室汇总后报绩效管理委员会审议，审议通过的由绩效管理办公室重新下发年度绩效责任书，下半年按照新的绩效责任书进行分解考核。

5.3.5 绩效考核与评估

绩效考核与评估是指对照目标要求与实际完成情况，采用资料核查、现场核查、交叉核查等多种方式，对各单位的绩效表现进行评价，并将考核结果进行反馈、辅导的过程。

对各单位的绩效考核是指对马应龙本部各一级部门以及所属公司的考核。主要步骤如下：

第一步，根据组织架构的设置，由绩效管理办公室下发绩效考核的通知。

第二步，各单位在规定时限内提交绩效目标的完成情况以及相关证明材料。

第三步，绩效管理办公室组织成员对照完成情况核对证明材料，并组织相关人员进行评价。

第四步，绩效管理办公室出具初评意见，并向各单位反馈，根据反馈意见进行修正。

第五步，绩效管理办公室将达成一致的考核意见提交绩效管理委员会审议，审议通过后进行结果公示。

第六步，每年度末，将各单位的考核得分按照相应公式计算。计算出结果后，由绩效管理办公室负责绩效反馈，通常通过群内公示的方式进行。

5.3.6 考核结果的运用

作为方针管理的支撑系统子系统，绩效管理系统要对方针中所设定的工作进行必要的指导和控制。通过绩效考核的结果，发现工作中的不足和失误之处，并对成功的经验进行总结，进而推动方针执行工作的开展。绩效考核作为绩效管理的一种手段，一方面通过对各单位的绩效考评来反映各单位、各板块的工作情况，了解各板块重点工作的进展，主要应用于各单位绩效薪酬的发放调整、奖励评选、内部业务结构调整等方面，便于后续各单位的内部管理和规划；另一方面通过对整体绩效目标的完成情况进行分析，反映公司整体目标完成情况、公司整体的投入产出水平等，找出各单位工作开展过程中出现的问题和偏差，并深度分析原因，用于公司整体业务规划和组织结构的优化。

通过季度和年度的核查，以及各单位间的交叉核查，公司能够充分地掌握重点专项工作推进过程中出现的问题，便于快速找出其症结所在，并采取有效的措施加以应对。同时季中的核查，也是对各单元工作进展的提醒，促进各单元仔细地审视工作的完成情况，并采取必要的手段解决当前所面临的问题。

基于绩效考核结果，可以对各单位所提交的工作完成情况进行分析。绩效管理办公室需对工作情况完成分析进行深入的研究，并与相关单位就所描述情况进行核实和探讨，就反映较为突出的重点部分撰写研究报告，并交至董事会和公司高层，便于其在布置工作时予以注意和调整，从而促进公司整体绩效管理水平的提升。

绩效考核结果可以衡量公司整体产出水平。通过对各单元产出的衡量，与预算管理系统相联系，以一种较为客观的形式计算出公司投入产出的比率，从而了解各单元的资源利用率情况，为资源的合理分配提供参考。可根据绩效考核结果，结合其他人力资源投入产出指标，建立各基层单位的人力资源投入产出评价指标体系。依靠基于年度绩效考核的人力资源效能评价，实现以评促改、以改促效的目的，引导各部门持续提升效能水平。

　　根据长期的绩效结果，可以预测各单位业务的运行趋势，对于长期亏损且预期难以实现扭亏的业务，可以适时采取业务重组等方式，重新整合公司资源，集中力量到优势领域，从而促进公司经营的持续改善，达成方针管理的目标和要求。

6 预算管理系统

方针的制定为公司的发展指明了方向，当方针制定后，有必要将战略计划转化为详细的经营计划。将战略计划转化为详细经营计划的管理控制系统则为预算管理系统。在马应龙，预算管理系统与绩效管理系统并行作为方针管理系统的支柱系统，其为公司资源的合理配置和调控有着重要的作用。通过预算管理系统，公司将有限的资源按事项进行合理的分配，并在使用的过程中进行实时监督和分析，从而做到目标达成下的资源利用最优。

6.1 预算管理综述

6.1.1 预算管理内涵

马应龙公司自 2009 年开始推行全面预算管理，预算管理工作基本实现从简单财务预算向全面预算管理的跨越，形成了向上支撑方针战略，优化资源配置，实现价值创造；横向与绩效评价对接，纵向实现集团管控的全面预算管理体系。

全面预算管理是以公司的发展战略、经营目标为导向，以科学的预测为基础，在分析公司历史资料、同行业资料、市场形势和国家宏观经济政策等资料数据的基础上，结合公司实际经营情况、资源情况，对预算期间公司的财务、经营、投资等经济活动所做的系统计划。

公司全面预算管理系统主要包括经营计划和预算两大部分。经营计划是指企业为达到预期战略目标、实现企业长远发展而制订的新年度一系列目标、计划及行动方案。预算是在预测和决策的基础上，围绕企业经营目标，对新年度企业资金的取得和投放、各项收入和支出、企业经营成果及其分配等资金运动所作出的具体安排和各项的资源配置。经营计划明确企业的年度工作方向和工作目标，是落实战略的重要环节，也是考核工作业绩的主要依据；预算将经营计划分解的各项行动方案具体量化，以数据方式呈现出公司的经营计划，并使其明确化和严谨化。两者相互影响、统一并存。

公司各部门根据既定的年度经营计划编制各自的预算。其中，业务部门编制收入预算和费用预算、生产部门编制成本预算，职能部门编制费用预算，财务部门汇总编制公司年度损益预算、现金流量预算和资产负债预算，所有这一切构成了公司的全面预算管理系统。

6.1.2 预算管理目标

通过全面预算管理对公司的资源进行整合和分配，跟踪执行、控制、考核，以便有效地组织和协调生产经营活动，完成既定的经营目标。通常来说，我们认为预算管理主要有以下几个方面的目标。

1. 实践战略目标

实践战略目标是预算的根本，这是公司经营的本质要求。我们通过预算，将有限的资源对公司发展的重点环节给予有效的支撑，推动公司关键工作的进展，从而实现公司既定战略目标。

2. 支撑绩效管理

全面预算是公司实施绩效管理的基础，是进行员工绩效考核的主要依据，通过预算与绩效管理相结合，使公司对其部门和员工的考核真正做到"有章可循，有法可依"。

3. 优化资源配置

协调资源配置是预算管理的基本职能，通过预算管理，将公司资源进

行合理的分配，按事项、按紧迫度进行资源的配置，确保各项工作的顺利
推进。

4. 增强风险控制

全面预算是公司管理层进行事前、事中、事后监控的有效工具，通过
寻找经营活动实际结果与预算的差距，可以迅速地发现问题并及时采取相
应的解决措施。通过强化内部控制，降低了公司日常的经营风险。

全面预算体系中可以初步揭示公司下一年度的预计经营情况，根据所
反映出的预算结果，预测其中的风险点所在，并预先采取某些风险控制的
防范措施，从而达到规避与化解风险的目的。

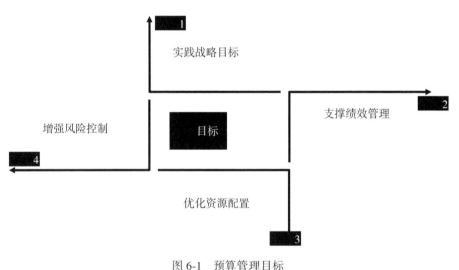

图 6-1　预算管理目标

6.1.3　预算管理价值

持续构建全面预算管理，是从财务视角对企业各层级、各业务进行持
续衡量、分析和评价，提高价值整合能力。通过全面预算管理对公司的资
源进行整合和分配，跟踪执行、控制、考核，以便有效地组织和协调生产
经营活动，完成既定的经营目标。在马应龙预算的整合价值主要通过以下
几个方面来开展。

（1）识别。资源诊断，以有限的资源约束条件为校验，通过业务活动的迭代规划，从而尽力实现公司价值最大化。

（2）获取。以战略规划为出发，研讨公司战略牵引点和关键要素，分析内外部环境和竞争对手，适应市场需求、形成对应的战略衡量指标，从公司的商业模式到预算模型，最终落实到各个责任中心或预算单元预算指标。

（3）配置。驱动业务部门在预算编制之前先进行经营计划编制，对经营计划管理进行审视和评价，并推动业务部门进行经营计划优化和完善。在经营计划管理的基础上，联同财务与业务部门共同进行预算编制，鉴于判断业务活动的复杂性，实际配置资源的方法一般根据业务活动的相对重要性、收益性原则进行排序，重要性排在前面的业务活动优先配置资源，直至某项业务活动用尽资源后，排序在此之后的业务活动则不能获得资源。业务是分层的，所以排序是在层级相同的业务活动间进行的，下一层级业务活动的资源一般受限于上一层级业务活动排序后所获取的资源。

业务活动排序重点考虑以下因素：

①与公司战略方向是否一致。

②公司规划的重点经营活动优先保证。

③经营活动的历史评价。

④经营活动的风险。

⑤经营活动的收益。

⑥经营活动的成本可控性。

（4）全面预算管理资源整合机制。从经营计划管理、预算编制管理、预算预测、预算执行与控制管理、预算分析到预算组织管理、预算流程管理、预算系统管理全流程管理，进一步完善预算管理的基础、方法、手段，使预算内容更为全面、精细化，通过预算信息系统的稳定建设，促使预算管理在集团战略执行、资源配置及激励约束所属公司等方面发挥重要作用，事前算赢、事中显差、事后优化，最终衔接战略、运营与绩效，提升经营绩效。

6.1.4 预算管理原则

公司预算管理按照"编制科学、程序规范、执行严格、评价到位、制度完善、立足存量、挖掘潜力、提升效率"的总体要求，以实现公司发展规划、提高经济运行质量和效益等经营目标为核心，按事项配置资源，具体包括以下基本原则。

（1）战略性原则。预算管理以公司战略为中心，搭建有效资源配置平台。

（2）集中性原则。挖掘有潜力的事项，集中有限资源为核心业务、增量业务提供资源保障。

（3）重点性原则。预算管理需突出核心业务与关键事项重点配置资源，抓大放小。

（4）效益性原则。预算管理坚持效益优先，年度预算以实现经营任务、保障目标利润为目标，遵循资源投入产出理念，消灭亏损源；季度预算重在突出按事项配置资源，优化投入产出结构，对不能产生产出、非必要性开支或意义不大的、针对性不强且效益不明显的应该做"减法"，对专项工作（重要的工作）费用开支做"加法"。

（5）配比性原则。预算编制坚持期间配比、事项配比、投入产出配比，公司按照会计年度、季度、月度进行预算管理。

（6）量力性原则。量入为出、综合平衡，严格成本费用控制，原则上当年费用率不能超过上年实际费用率，各项管理性费用不超过上年实际且不新增费用项目，利润的增长须高于费用的增长，材料招标价格实现环比下降，考虑人工成本占利润的合适比例，保证具有竞争力的人均投入产出水平。

（7）规范性原则。预算管理遵循规范的管理程序与职责分工，并与绩效管理体系对接。

（8）归口管理原则。各预算单元负责的预算包括本单元直接开支的各项预算，也包括工作责任内负责归口管理项目的预算，归口管理项目预算应做好与相关单元的协调、汇总、控制。

6.2 预算管理思路

6.2.1 预算管理定位

预则立，不预则废；运筹帷幄，决胜千里。这是中国几千年总结出来的最朴素的预算管理思想，也是企业成功的保障。预算管理是企业管理中一项十分重要的管理方法，对企业实现战略落地、合理资源配置、把握收支的可控范围、协调各部门岗位资源、释放员工积极性都起着指导性作用，是促进公司的正常运行、规避经营风险的有力保障。

（1）向上支撑方针战略，优化资源配置，实现价值创造。企业预算管理对实现企业战略起着举足轻重的作用。围绕战略规划进行预算管理，可以规范企业各项基础管理工作，完善内部控制机制，加强成本费用控制，优化整合企业资源，保障战略目标实施，全面提升综合管理水平和市场价值。

（2）横向与业务计划融合，与绩效评价对接。通过预算建立激励机制，进行有效的激励，使整个企业都充满竞争意识，长此以往，整个企业的实力必然壮大。

（3）纵向实现集团管控，支撑财务职能共享。通过预算管理系统整合实现财务管理转型，使财务工作向"事前计划、事中控制、事后分析"转变；通过 ERP 系统对信息进行充分整理、有效传递，使企业的资源在购、存、产、销、人、财、物等各个方面能够得到合理的配置与利用，从而实现企业经营效率的提高，帮助企业提升管理水平，增强市场竞争力，具体如图 6-2 所示。

6.2.2 预算建设思路

马应龙集团在构建以预算管理为导向的管理控制体系时，得到了企业自上而下的认同和支持，是各部门和全体员工共同努力的结果。在预算建设思路中，主要从以下几个方面出发。

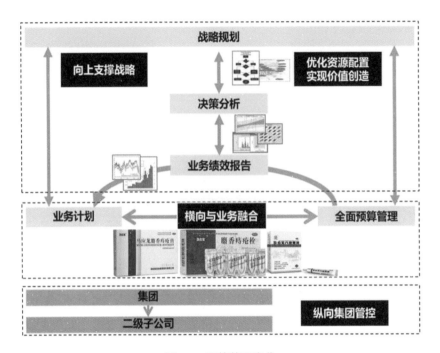

图 6-2　预算管理定位

首先，建立预算管理的前馈控制机制，夯实控制基础。为了让预算管理发挥有效管理控制的功能，基于公司组织架构，财务部门组织开展预算单元和业务流程梳理，将设置重叠、职能交叉的预算单元重新组合变更，通过预算从组织管理角度合理设置部门机构和管理流程，降低管理成本，达到管理控制的目的。

其次，建立系列预算管理制度，支撑起企业管理控制系统。马应龙公司在预算管理实施中，制定了标准和制度规定，包括：全面预算管理制度、全面预算管理制度实施细则、全面预算编制说明及策略、全面预算编制流程及责任分工、全面预算考核指标及说明、公司绩效考评管理制度、公司各部门（或员工）绩效考评申诉办法及流程和各部门各单位经营目标责任书，等等。

再次，适应管理需求，细化内部会计核算。精细化的预算管理要求做到按最小业务单元分解费用，按责任中心分解产品成本，采用这种管理体系需要建立一套与企业管理特点相适宜的内部核算体系,从而可以全方位、全过程地对企业经营活动进行监控及实施绩效考核。为适应精细化预算管理的要求,公司按战略业务单元划分核算单位,把公司内部的车间和班组、销售部门的各办事处等基层组织都作为基本核算单位,在相关会计科目下,按最小业务单元分别设置部门明细账归集,消除了月末预算与实际对比差异无据可查的现象,使会计处理既满足了核算要求,又满足了管理需求。

最后,实现预算与业绩评价的有效整合,强化预算的激励约束作用。为发挥预算为导向的管理控制作用,马应龙公司实施了预算考评与业绩评价相结合的考评制度,同时,为防止预算在管理控制功效发挥上的负面作用,防止出现预算刚性考评带来的消极影响,建立了预算考评的申诉管理办法,以便发现可能存在的问题并及时解决。在评价指标的选择上,将关键业绩的评价指标紧扣战略导向,以评价结果来检讨战略的执行,同时决定整个战略业务单元的奖惩,通过有效惩罚推动战略执行力的提升,从而使预算管理成为一个战略管理控制系统。

6.2.3 动态管理

经营工作是动态发展的,当市场需求发生变化、企业内部资源发生变化、外部市场环境发生重大变化或增补临时预算时,马应龙会及时根据实际情况调整预算,以达到预算贴合实际的管理目的,在动态的过程中完善自我。

在方针原则指导下,对预算管理工作进行分析和调整是经营工作的需要,为了适应这项工作,马应龙提出了"五动态"的基本工作思路,具体如图6-3所示。

1. 动态的过程

要求从年度、季度、月度三个时间层面上进行预算管理的规划操作,做到层层配合,梯级递进。

①年度预算。重在强化财务勾稽关系及整体资源配置平衡。

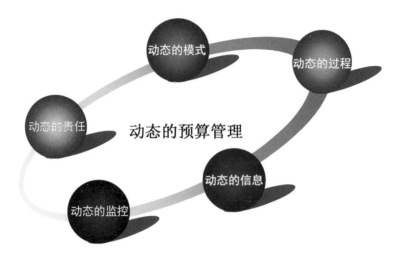

图 6-3　"五动态"的动态预算管理

②季度预算。重在突出按事项配置资源，与实际工作相契合，优化投入产出。

③月度预算。重在实时控制，采取滚动预算方法。

2. 动态的模式

预算工作应该是一个持续向上的螺旋动态过程。我们通过多种方式让预算的管理工作动起来，从固定的时间点上释放出来，对事项推进的各个环节提供支持，保持监控并进行及时的提醒和调整。

①事前。目标分解、预算编制、预算审批。

②事中。预算执行、预算控制、预算调整、预算监督。

③事后。预算分析、预算考核、预算检查。

3. 动态的责任

在方针管理的推行过程中，根据发展阶段的不同，相应的权责也会随之而改变，预算管理要及时跟踪了解事件的进展，及时进行处理和调整，实现动态的权责分配方式，赋予责任人相当权力，以保证工作事项的顺利推进。

4. 动态的监控

预算管理要做到资源使用的动态监控，避免资源浪费情况的发生，并及时纠正各执行单元在资源使用过程中的异常，确保公司资源的有效使用。以经济业务实质发生时为预算管理的关键控制节点，实行预算单元自行审核加业务财务和共享财务双重审核的方式，由原来的事后控制往前延伸至事前、事中控制。

5. 动态的信息

借助现代信息技术，实现在线审批，适时提供动态的预算管理信息，为预算管理提供及时的信息支持，强化预算管理的分析能力，一方面为经营层提供经营决策依据，另一方面也能及时为预算工作的改进和纠偏提供便捷。

6.2.4 权责划分

预算管理是全员、全过程、全方位的综合管理，要让预算发挥管理控制的功效，必须以责任中心为管理控制单元，将战略构建、落实、监控和执行的各个环节都落实到不同层次的责任中心，实施分层次管理，做好并细化到企业采购管理、资产管理、人事管理、合同管理、投资管理及考评管理等相关管理制度中，做到事事有人管，时时有控制。

马应龙在推行预算管理的同时，坚持"权责对等"的原则和"双轨制"的资源管理思路，在逐步完善预算管理体系的基础上考虑逐步授权与放权，授权与放权要有序地进行调整，而被授权者对预算的执行控制要承担相应的责任，即上边敢于分权，下边敢于承担。同时授权也需要接受监督，并进行授权风险评估，严格地防范风险。

马应龙坚持预算管理权责清晰，预算内容及责任横向分解到边、纵向分解到底。"权力有多大，责任就有多大"，有了权力，就等于有了责任。目前阶段马应龙的责任中心通常有五种：一是成本中心，二是费用中心，三是业务中心，四是利润中心，五是投资中心。管理中做到责任可控，即责任单元被赋予的责任是可控的，只对其可控责任考核，包括其归口管理职责范围之内的，将各预算项目分为直接可控预算、间接可控预算、分摊预算、不可控预算，并一一分配到相应的预算单元。

为了加强对预算管理权责利的明确划分，我们采取合理的考核方式，以预算信息为基本依据，关联"预算项目"与"绩效作业"及其目标成效，以增量贡献为考核评价核心，重点评价资源投入产出成效。做到奖惩明确，落实公司的价值导向，与员工收益奖励挂钩，与绩效体系对接。

6.3 预算管理流程

6.3.1 预算流程框架

全面预算管理从战略规划到绩效考评的全闭环，通常包括预算的编制、审批、分解、执行、控制、调整、决算、分析、评价及考核等几个管理环节。在实际的操作过程中，马应龙贯彻"事前算赢、事中显差、事后评估"财务预算闭环管控，提升面向业务和管理层的服务能力，为企业创造价值。具体如图6-4所示。

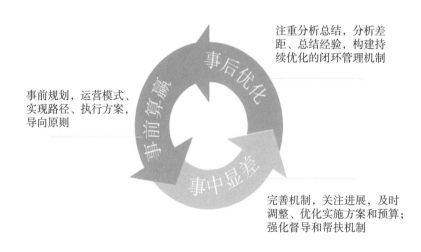

图6-4　预算管理流程图

6.3.2 事前算赢

公司财务管理体系逐步从核算型向价值管理型转变，财务管理充分发挥服务、支撑和引领作用，提升价值创造能力。通过全口径预算管理、价值引导、倒逼机制，引导经营行为，将事前预测与企业发展需求结合在一起，以业务分析重要程度，来计划收支和效益，帮助企业创新开拓，把有限的预算额度用于最需要的地方，提高公司竞争力和盈利能力。事前算赢以公司长短期战略规划为起点，开展目标的分解、滚动预测和预算编制工作。

战略规划：中长期战略和目标设定。公司层面的业务规划，包括战略规划、市场规划、信息化规划、资本化投入规划等，这些规划指导业务部门的工作重点及方向。

目标分解：将总体目标纵向、横向分解到各层级，各层级业务单位根据目标制定业务计划、提出投融资要求。

滚动预测：根据目标完成情况开展下一时段滚动预测，以及时更新反映公司最新预计的经营结果。

预算编制：包括中长期预算编制及年度预算编制，尽管两者在预算颗粒度与层级上有所不同，但都应当从计划出发，在产销平衡的基础上，确定经营预算、投资预算和筹资预算，最终形成财务预算。

公司预算编制打破以往在历史基础上根据业务规模增长幅度调整的增量预算编制方法，结合公司精益管理方针，推行零基预算编制法。对各基层决策单位提出的预算方案进行成本-效益分析，对每一预算项目的所得与所费进行计算对比，以其结果来衡量和评价各预算项目的经济效益之后，分清轻重缓急排列出所有预算项目的先后次序。

公司预算编制遵循自上而下、上下结合、分级编制、逐级汇总、项目预算，并依据如下规则编制。流程如图 6-5 所示。

（1）下达目标。公司预算管理委员会根据公司战略和规划及董事会确定的年度经营纲要，制定下一年度预算目标。预算管理实施办公室据此制定下一年度预算编制方案，报预算管理委员会批准并下发给各预算执行单元。

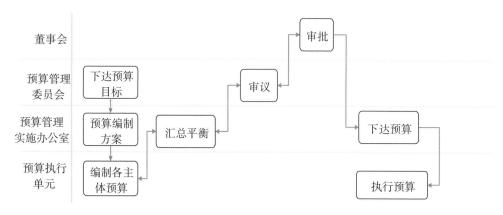

图 6-5　年度预算编制流程

（2）编制上报。各预算执行单元按照下达的预算编制方案，结合以往实际经营情况及预计的内外部变化因素，按照统一格式和分工，编制本单元详细的年度预算草案报预算管理实施办公室。各公司级预算单元应负责层层分解、审查、平衡、修订、汇总各下级预算单元的预算草案。

（3）审查平衡。预算管理实施办公室对各预算执行单元上报的预算草案进行细致的审查、汇总，提出综合平衡意见，并反馈给有关预算执行单元予以修正。必要时，预算管理实施办公室可组织召开相关预算单元的协调沟通会。

（4）审议批准。预算管理实施办公室在有关预算执行单元最终修正调整预算草案的基础上，汇总编制公司全面的预算草案，呈报预算管理委员会审议。预算管理委员会在预算年度开始前审议年度预算，并提交公司董事会审批。

（5）预算下达。董事会审议批准的年度预算，由预算管理实施办公室组织落实，逐级下达各预算执行单元。

6.3.3　事中显差

（1）预算执行。预算一经下达，将作为刚性指标必须严格执行，各预算责任单元的主要绩效考核指标均需与预算指标挂钩并形成年度工作任务书。

（2）预算控制。根据年度预算和滚动预算对公司实际运营发生的业务活动及费用进行控制。需求将根据可用额度、可用资源进行动态计算，策略性控制。预算控制原则上依据预算金额方面进行管理，同时运用预算的项目管理及数量方面进行管理。

控制方法：根据作业性质分为允许、警告、禁止。

控制期间：分为月度控制、季度控制、年度总额控制、阶段性控制等。

控制维度：包括部门、预算科目、金额、按项目类别合并控制以及跨法人主体合并项目控制等。

控制时点：包括事前控制、事中控制、事后控制。

（3）预算调整。由于经营情况随时都在发生改变，因此预算执行过程中由于市场变化或其他特殊原因阻碍预算执行时，可以进行预算修正（补充预算）和调整预算。但修正前，相关管理部门须先挖掘与目标利润相关的其他因素的潜力，或采取其他措施来弥补，只有在无法弥补的情况下，才能提出预算修正申请。公司年度及季度预算调整申请单如图6-6所示。

一旦确定预算需进行修正，预算执行单元需提出预算修正分析报告，对需进行修正的项目详细说明修正原因以及对今后发展趋势的预测，并提交预算管理实施办公室汇算，报预算管理委员会审核。预算管理委员会将根据合理、发展、支持的原则对所提交的预算修正草案进行审核，并征求相关专家的意见，在确定必须调整之后，将根据预算编制的原则核准相关预算修正方案，并下发执行。

6.3.4　事后评估

预算管理的目的，除了支持公司经营发展的必须之外，还需要通过对预算执行情况进行分析，发现公司经营活动中对资源使用的不足之处，并根据分析提出相应的对策和建议，以求能够在持续的工作中不断地改进和完善。

评估指标包括：

（1）预算分析。

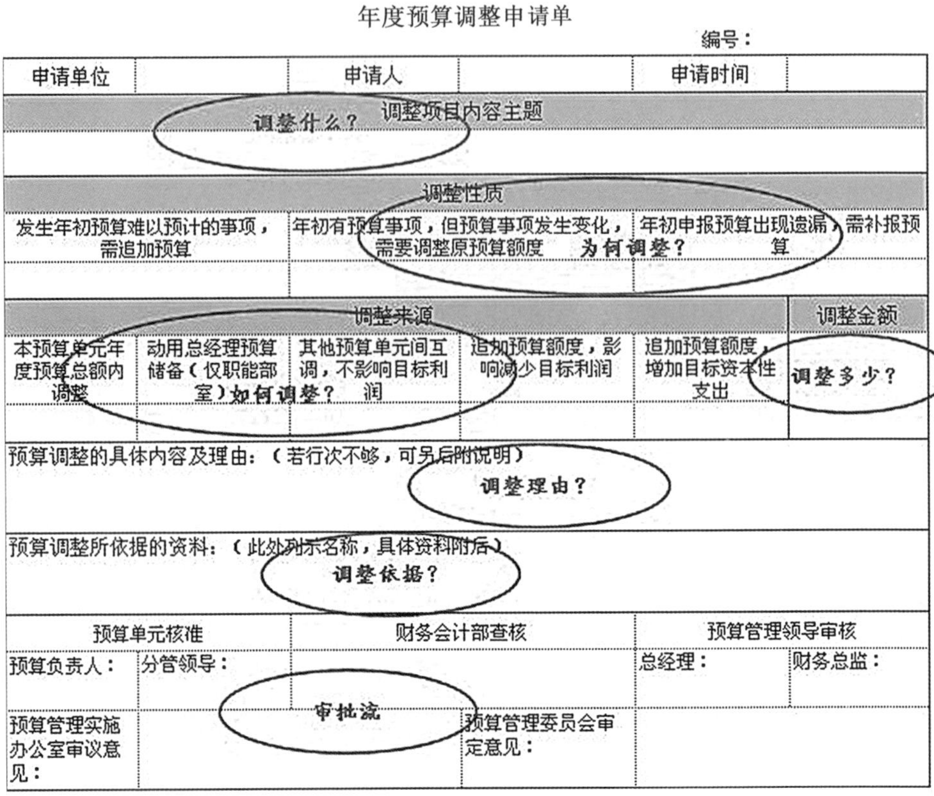

年度预算调整申请单

编号：

申请单位		申请人		申请时间	
调整什么？ 调整项目内容主题					
调整性质					
发生年初预算难以预计的事项，需追加预算	年初有预算事项，但预算事项发生变化，需要调整原预算额度 为何调整？		年初申报预算出现遗漏，需补报预算		
调整来源					调整金额
本预算单元年度预算总额内调整	动用总经理预算储备（仅职能部室）如何调整？	其他预算单元间互调，不影响目标利润	追加预算额度，影响减少目标利润	追加预算额度，增加目标资本性支出	调整多少？
预算调整的具体内容及理由：（若行次不够，可另后附说明） 调整理由？					
预算调整所依据的资料：（此处列示名称，具体资料附后） 调整依据？					
预算单元核准		财务会计部查核		预算管理领导审核	
预算负责人：	分管领导：			总经理：	财务总监：
预算管理实施办公室审议意见：	审批流		预算管理委员会审定意见：		

图 6-6 年度预算调整申请单

预算综合分析：资产负债表、损益表、现金流量表等。

业务指标分析：计划产销量、应收账款、现金回笼占比、工时、物料消耗、成品率、入库及时率等。

财务指标分析：回笼分析、成本分析、盈利分析、费用分析、投入产出分析、资金分析等。

（2）预算考评。预算考核与评估作为公司绩效考核体系的重要组成部分，预算评价考核提供财务指标考核依据，能有效衡量公司的经营绩效及战略规划与目标的落地能力。

预算考核指标的设计由预算管理实施办公室根据预算管理的工作需要结合各单元实际的工作情况提出，经预算管理委员会审定后执行。预算的考核包含对预算目标进行考核和对预算工作考核两个方面。预算考核必须符合以下原则。

①目标原则。以预算目标为基准，按预算完成情况评价预算执行者的业绩。

②激励原则。预算目标是对预算执行者业绩评价的主要依据，考核必须与激励制度相配合。

③时效原则。预算考核是动态考核，每期预算执行完毕，决算报告一经预算管理委员会审定后立即进行。

④例外原则。对一些阻碍预算执行的重大因素，如产业环境的变化、市场的变化、重大意外灾害等，考核时应作为特殊情况处理。

6.4　预算与绩效的对接

预算系统作为方针管理的辅助系统，需要承接实现年度方针的渐降落地，将方针转化为行动。在支持方针管理向前推进的同时，与公司其他管理体制形成和谐的系统平衡，促进公司经营不断向前发展。公司预算管理与各系统对接图如图 6-7 所示。

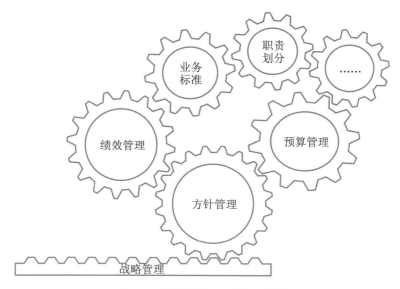

图 6-7　预算管理与各系统对接图

作为方针管理体系的两大辅助系统，预算和绩效管理之间存在着必然的联系，二者的起点是一致的，都是源自公司战略目标的分解和落实；而预算管理的终点也正是评价各个经营单元的绩效，二者必须在业绩考核上衔接起来。

预算和绩效的对接体现在实现考核事项与资源配置的对接；绩效跟踪与资源控制的对接；考核结果评价与资源使用成效的对接，即从事前、事中到事后的全方位对接。整个方针管理过程中，明确"办事"与"花钱"导向，结合事权与财权。预算与绩效管理的关系如图6-8所示。

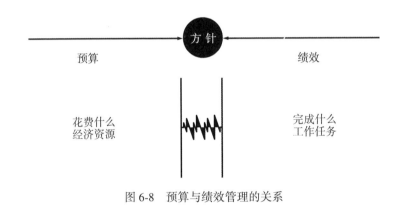

图 6-8　预算与绩效管理的关系

6.4.1　事前对接

预算管理中应用新维度"绩效作业"，即"按事项配置资源"之"事项"，公司资源分配的具体动因指向，资源耗用的对应产出，它是预算管理体系与绩效管理体系之间的衔接工具。一般而言，将"绩效作业"分为以下三类。

基础作业：常规职能内的维持性、基础性工作事项。

专项作业：列入专项绩效任务的重点工作或需重点跟踪资源投入产出的事项。

特殊作业：年初未预计到的突发性、应急性或异常不确定性事项。

通过绩效作业确保资源的分配与绩效管理的要求相一致，有增量贡献才有增量资源。预算需要解决的根本问题是未来如何做事和如何花钱，对花钱与办事的投入和产出导向如图 6-9 所示。

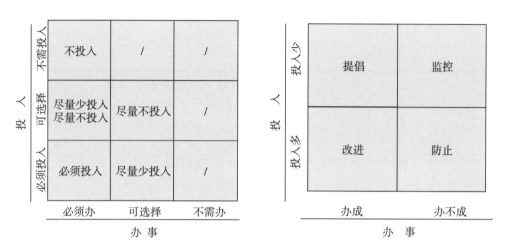

图 6-9　投入与办事的投入和产出导向图

在与绩效管理保持良好对接的同时，预算管理还要站着指导方针的高度统一目标，以主动的态度互相学习，用"专家"的知识相互引导，发挥知识传递和制度约束的力量，应用"预算项目"，同"绩效作业"一起搭建起预算管理二维基本架构。

所谓预算项目就是指公司各项经济资源的预算分类，将财务语言"费用项目""会计科目"演化为更贴合公司内部管理的业务语言，并形成对应关系。对各项目的定义由各预算单元与财务部门逐一沟通后确定，做到预算项目规范定义，统一口径。

案例 6-1

公司级尿素类产品竞单项目绩效与预算管理

一、发单环节

1. 绩效目标制定

参照尿素产品现有存量，结合产品资质、竞品种类等情况，以上年实际回笼数据为基础，根据市场预测未来三年的销量增幅，拟定销售回笼、营业收入、销售利润等绩效目标。

马应龙公司销售回笼绩效目标与预算目标通常是一致的，以形成协同效应。

2. 资源配置

依据当年《销售政策》，在供货价基础上扣除销售费用及其他奖励后作为产品竞单底价。销售回笼减去底价结算部分的差额为项目核算利润。项目核算利润由抢单团队自行管理，可用于业务费用、人员薪酬等，费用支出流程应符合公司财务管理相关规定。薪酬预算及标准由竞单团队申报，要求体现"自挣自花、缴足利润、自主分配"导向。

3. 激励与约束

达成业绩目标的激励与约束：内部人员竞单采取对赌政策进行；外部团队竞单采取签订协议，缴纳保证金的方式进行。为激励竞单团队超额完成业绩目标，当竞单团队三年实际累计销售回笼达到基本业绩目标时，设置超额奖励。

二、竞单和议单环节

竞单环节遵循符合性、可行性、激励和约束性、战略导向、效率导向、规模导向等原则。由财务部门、人力资源部门、资产管理等部门组成初评小组进行初评，公司复评小组进行复评，并根据竞单项目金额提交绩效管理委员会备案或终评。

三、跟单环节

财务部门按照月度核算项目回笼、营业收入和销售利润等情况，评估资源投入产出效益，并反馈相关部门。

人资部门按照月度实施业绩跟踪，对于出现业绩偏差时及时组织相关部门跟进分析、评估，协助项目团队制定下一阶段调整举措。

四、散单或者结单

若其中某一环节出现以下情况之一，启动散单：

（1）连续两个季度总体进度低于80%。

（2）内外部环境发生较大变化，公司要求散单，或经团队提出，公司同意散单的。

（3）其他原因竞单团队提出散单的，公司批准同意后按照对赌失败执行。

该竞单项目绩效目标达成状况良好，暂未触发散单条款。

6.4.2 事中对接

预算管理委员会对资源的投向和投入产出效率、效果进行管理，负责组织开展公司各业务板块的预算执行控制，识别潜在经营风险并及时预警；组织年（季）度计划预算的评审，并通过预算管控牵引资源配置的优化和提升经营绩效。

在预算管理委员会的指导下，预算管理实施办公室按月度提供有决策支持价值的经营分析报告，形成经营分析报告的层次化体系，针对报告中的问题有效地展开深入的专题分析，找出管理中的薄弱环节，为公司降本、提质、增效提供数据支撑及改进意见。

预算管理实施办公室定期对各个预算执行单元的下达预算完成情况通报，根据关键绩效指标完成分别予以表扬、提示或警示。针对绩效目标不达预期的预算执行单元，可由预算管理部门会同绩效管理部门组织开展绩效面谈，共同拟定业绩提升目标，制订业绩追捕方案，并据此优化资源配置。

6.4.3 事后对接

分级考核原则，预算考核要根据组织结构层次或预算目标的分解层次进行。公司基于价值创造导向设置有清晰导向作用的 KPI（关键绩效指标）体系，绩效考核体系能够与业务目标的达成紧密结合，并能够切实地影响业务部门的经营行为，使其成为公司战略落地的重要驱动工具。

预算管理委员会可就预算的重点事项提出评价提案，各预算责任单元要根据提案进行重点跟踪并向预算管理实施办公室提交执行情况报告，预算管理实施办公室根据相关资料形成评价报告。同时，为了提高各单元对预算管理工作的重视，并鼓励创造性地开展工作，公司还采用效益薪酬与预算相结合的方式进行考核，并辅助以增量奖励、项目补贴、单项悬赏等多种方式补充和完善激励手段。通过对预算相关的分析，对全面掌握公司经营情况以及资源的走向动态有着重要的作用，在总结经验教训的基础上，完善预算管理的相关工作，切实做到支持企业经营目标达成的根本目标。

6.5 预算实施保障

6.5.1 预算体系设计

预算管理作为一种科学的企业管理手段，它是围绕企业预算而展开的一系列管理活动，是个动态的过程。因此，要想使预算管理顺利实施，必须对全面预算的体系有一个清楚的认识。预算管理是在预算目标的基础上进行的管理，是一套由预算的编制、执行监控、评估与考核组成的管理控制系统。马应龙药业集团的预算管理体系具体如图 6-10 所示。

（1）集团本部作为战略规划者，根据市场环境与企业战略提出企业

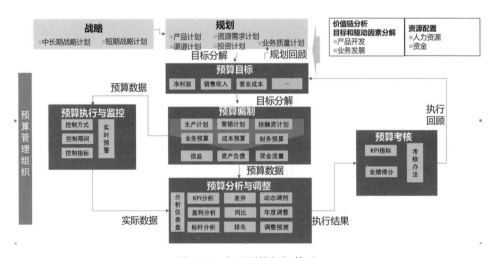

图 6-10　全面预算框架体系

的战略目标。

（2）采用上下结合混合式预算编制方式，强化预算审批权，进行全面预算管理。

（3）重点审核各二级单位的业务预算，对获准通过的业务预算进行全方位监控。

（4）加强对各二级单位预算执行情况的评估与考核。

（5）注重信息的反馈和严格制控制预算调整。

6.5.2 预算组织设计

在公司经营发展的过程中，通过不断地摸索和调整，已经完成了如图 6-11 所示的预算管理组织结构。

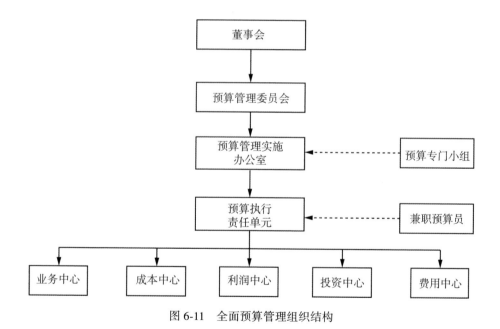

图 6-11　全面预算管理组织结构

设立三个层次的预算管理组织机构：预算管理委员会、预算管理实施办公室、预算责任执行单元；建立了两个辅助小组：预算专门小组（财务部门）、兼职预算员组（各预算执行责任单元）。基于全面预算的内容体系，根据不同的责任中心的控制范围和特点，我们将预算管理分为：业务中心、成本中心、费用中心、投资中心、利润中心。

预算管理委员会的主任由集团董事长担任，负责预算管理的重要事项，以保证预算管理的权威性；副主任由集团总经理、财务总监、首席风险执行官担任，以确保预算管理得到有效管控；预算管理委员会分别由各个相关部门的最高负责人担任委员，以确保各个单元的预算能够得到有效执行。

预算管理委员会接受董事会的直接领导，代表董事会行使预算管理职能。其负责审定预算管理制度；研究制定公司预算管理目标、预算考核指标，并督促预算管理目标的实现；审定年度、季度预算报告；作出预算考评决定；组织和审议预算修正；预算管理重大分歧的协调及仲裁工作等。

预算管理实施办公室是预算日常管理的职能机构，财务总监为组长，财务负责人为副组长，各中心、部门负责人为成员。其负责预算管理的日常工作具体包括：拟定预算管理办法；组织预算编制工作形成预算草案；组织预算的执行及跟踪；组织预算决算和分析，形成预算执行报告和预算差异分析报告；组织调整与考核；预算管理一般分歧的协调及仲裁工作等。公司财务部门为预算管理实施办公室各项职责中财务环节的执行部门，负责各项预算资料的汇总、上报、下达、财务控制和报告。

6.5.3 智能预算管理平台

公司智能化预算管理平台是一种可以提供跨地区、跨部门、跨公司整合实时信息的企业管理信息系统。通过构建智能化预算管理平台，可以在财务信息系统、购销存业务信息系统的基础上实现信息系统的整合和跨越式发展，实现预算管理的信息化，也可以达到预算管理与企业管理控制系统整合的目的。

在公司全面预算工作中，通过与第三方公司深度合作联合开发，大力推进财务智能化预算管理工作。智能预算管理平台能够满足企业集团管控的应用要求，提供了比较完整的集团企业预算管理解决方案。具体包括四大模块内容。

（1）预算管理体系搭建平台。通过该平台搭建用户的多维预算体系。

预算体系支持集团管控，既可以满足集中管理型集团的应用要求，又可以实现各下属企业个性化预算体系的要求。

（2）预算编报和预算调整全流程支持。该平台支持从集团预算目标下达、各级预算主体预算填报、预算汇总、预算审批、预算调整等全过程管理；支持预算多上多下的填报过程；支持调整单调整、调剂单调整、直接调整等多种调整方式。

（3）预算的分析和执行监控平台。该平台提供了执行监控功能，能够从财务业务数据获取执行数，进行预算执行情况分析；同时也支持对财务业务系统进行预算控制和预警。

（4）企业绩效管理 Excel 客户端应用。支持通过 Excel 客户端进行预算数据填制、上报、分析。具体如图 6-12 所示。

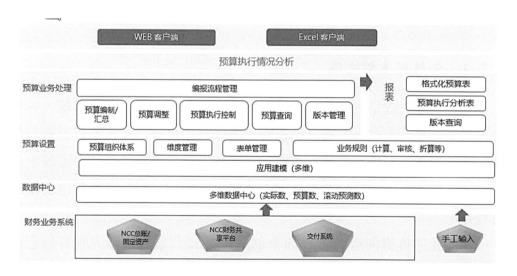

图 6-12　全面预算管理智能平台

7　价值创造系统

价值创造系统是马应龙基于四个创造的经营宗旨，践行为客户、股东、员工创造价值的经营理念，促进企业文化与经营管理的深度融合，形成的富有马应龙特色的经营理念和运营系统。

7.1　价值创造

7.1.1　价值创造的内涵

企业的本质就是资源转换器。各方利益主体在企业平台上集聚，各类资源在企业平台上汇合，通过企业特有的体制、机制，对各类资源进行优化配置，促进资源的有效转换和输出，实现客户价值，从而最终实现企业价值的不断增值。在马应龙看来，企业资源转换的过程，就是价值创造的过程。

马应龙的价值创造源于"四个创造"的经营宗旨，即为顾客创造健康、为股东创造财富、为员工创造机会、为社会创造价值。本质上企业经营就是满足客户、股东、员工的需求，这种需求体现在创造价值上，只是对不同的主体，创造价值的内涵不一样。客户是健康需求，股东是投资价值需求，员工是个人发展需求，其实质都是通过企业的经营过程，通过企业的不断升级成长来实现。

7.1.2　价值创造导向

马应龙价值创造是战略导向和市场导向共同影响的结果。

1. 战略导向

价值创造是战略导向下的价值增值，围绕产品产业的发展定位，通过产业经营和资本经营的实施路径，实现战略目标的举措。

马应龙创立于明朝万历年间（1582年），至今已经持续经营400多年。对于一家老字号企业来说，我们的基本立场与根本目标就是要实现持续经营，实现"基业长青，打造千年马应龙"，这与我们的企业文化和使命是高度契合的，并在企业文化体系中得到深入体现。基于这个根本目标，我们确定的逻辑目标就是"做强，做大，做长"，从逻辑上讲也就是先做强，再做大，最终是为了做长。"做强"，即在市场细分中有明显优势，市场占有率高；"做大"，即在市场细分中具有一定的规模优势及效应，具备过硬的抗风险能力和强大的后续发展力量；"做长"，即实现基业长青、持续经营。

逻辑目标的实现首要在于做强。那么如何不断提升我们的市场占有率，巩固细分市场优势地位，实现做强的目标？从战略目标上讲，就是要占据消费者的内心世界，要在市场细分中形成目标客户心目中的品牌形象，占据其内心世界，并形成不可磨灭的烙印，成为销售习惯的首选。

一直以来以肛肠及下消化道领域为核心定位，深化实施品牌经营战略，推行"目标客户一元化，服务功能多元化"的发展路径，形成了药品经营、诊疗技术、医疗服务的产业链布局。

2015年，马应龙联合中华中医学会肛肠分会开展了"中国成人常见肛肠疾病流行病学调查"。此次中国肛肠疾病流行病学调查是首次全国性、专业化的肛肠疾病普查，用于中国肛肠疾病的研究与防治，并填补肛肠疾病流行病学这一领域的研究空白。本次调查结果显示，肛肠疾病市场呈现"一高两低"的特点，即发病率高、就诊率低和认知度低，即肛肠疾病患病率较高，达到50.1%，患者中就诊率只有28%，认知率低，患者中对肛肠疾病的认知率仅48%。市场潜力巨大，作为肛肠领域的专业品牌，马应龙任重而道远。通过深度参与本次流调工作，有助于马应龙深入了解肛肠疾病患者需要和肛肠保健需求，以进一步升级企业商业模式和经营业态，促进肛肠健康产业的发展。

由此，马应龙提出战略转型升级方向，并着重于两个层面的转变。

一是坚持以满足客户需求为导向，实现马应龙从疾病治疗到健康管理的延伸。公司以追求客户感知价值为目标，挖掘流调信息，洞悉客户需求，强化品牌经营，整合社会资源，构建肛肠健康服务体系，满足客户需要；我们不仅为肛肠患者提供药品治疗和医院诊疗服务，更是致力于为客户提供个性化、专业化的肛肠健康管理方案。

二是实施以客户为中心的企业经营业态的延伸。积极应对市场变化，根据病患特征、就医状况等市场信息，调整和延伸传统业态形式，实施精准营销，完善药品经营、诊疗技术、医疗服务的产业链；启动和对接互联网运营模式，建立肛肠领域互联网医疗服务链端口，整合全产业链的线上和线下资源，构建形成医药联动平台，打造肛肠健康方案提供商和生态链，促进中国肛肠健康产业的升级。

最终形成马应龙新的战略方向：打造肛肠健康方案提供商，构建商业生态链，大力发展大健康产业。以全病程的客户需求为导向，强化核心竞争优势，发挥资源整合能力，致力于为客户提供专业化、个性化、多样化的肛肠健康方案。这标志着马应龙的市场定位已由疾病治疗向健康管理拓展，以产品为中心的药品制造商将向以平台为基础的健康方案提供商转型，核心功能模式将由自产自销封闭式模式向发现需求、整合资源、满足需要的整合式模式转化。同时大力发展大健康产业，积极利用马应龙产品疗效显著的产品力，大力开发精准性的功能性健康品，依托于马应龙的产品力和品牌力优势，以提升客户感知价值为目标满足特定消费者的健康管理需求，以功能性产品和健康管理服务为核心，注重突出产品的功效价值，同时兼具产品的安全性、便利性和经济性。

2. 市场导向

价值创造坚持市场和客户引领，突出以客户为中心的产业经营理念，马应龙构建以客户为中心的价值驱动机制，其实质是以"客户"为中心，构建从发现客户需求到满足客户需求的循环运营机制和流程，通过产品和服务品质不断升级，持续为客户创造价值。具体体现在以下四个方面。

（1）转变企业与客户间关系。企业将关注的重点由产品转向客户；将仅注重内部业务的管理转向到外部业务–客户关系的管理。

（2）深入了解客户行为和客户价值。根据 2015 年全国成人常见肛肠疾病流行病学调研结果显示，肛肠疾病发病率达到 50.1%，但就诊率和认知率都较低，市场空间很大，肛肠细分领域大有作为。公司需要构建常态化的客户需求发现机制来不断深入来了解客户，进一步引导和创造客户需求。

（3）重视为客户提供的产品、服务体验。注重提高客户感知价值，强化客户体验。以客户感知价值为导向，升级产品和服务。

（4）通过闭环流程获得持续改进的能力。将客户价值作为绩效衡量、评价以及价值分配的重要标准。

构建以客户为中心的价值驱动机制的主要内容包括三个方面：树立以客户为中心的经营理念、建立以客户为中心的业务系统、优化以客户中心的管理机制。最终要求企业的主体经营围绕以"客户"为中心进行，满足客户的个性化需求，努力为客户创造价值。"以客户为中心"要求不仅产品和服务要以客户为中心，而且企业的业务流程以及内部机制安排也要遵循这一经营理念。

树立以客户为中心的经营理念。对于客户需求要从被动响应到主动把握客户深层次的需求。"市场至上"不等于"客户至上"。企业不应跟着潮流走，更不应一味地迎合市场的短暂机会。必须坚守"以客户为中心"的理念，不但满足客户眼前的需求，更是基于对客户潜在需求的深刻理解，从而为客户提供最好的产品和服务。以客户为中心，不能简单地取悦客户，而应该是从客户的立场出发，不断提高产品和服务质量，提升市场竞争力，对客户最终满意度负责。满足客户需求，为客户创造价值是我们经营的核心目标。要让以客户为中心的经营理念体现在我们的战略导向和企业文化中，并在公司上下各层面贯彻，融入日常的经营管理的体制机制中去，固化到我们的经营行为中。

以客户为中心的业务系统包含三个子系统，分别为客服销售系统、解决方案系统、产品交付系统。这三个子系统是跨部门的结构化流程体系，实质上是集成企业资源协同工作的一种方式，通过打破组织功能屏障，构建跨部门流程，优化运营机制，将客户需求准确传递到后端，真正实现从挖掘客户需求到满足客户需求的高效循环，从而为客户更有效率地创造更大价值，最终获得客户忠诚度。

以客户为中心的业务系统是动态组织结构，因此，在运行过程中要全方位深入了解客户的不同需求，包括产品使用客户、渠道客户、合作方等。对于各类型客户的关注点应当有明确认知，并结合公司实际建立并不断完善对应的服务流程和机制。各子系统的职责和承诺必须落实到具体的部门职责之中，要让客户服务和客户导向成为相关部门的本职工作，并依据客户需求满足链条动态调整。三大业务系统构成了价值创造系统的核心业务系统。

7.1.3 价值创造的来源

结合企业运营的实际，我们依据价值创造的来源分为发现创造价值、整合创造价值和制造创造价值，即发现价值、整合价值和制造价值。

1. 发现价值

发现价值，是指发现企业内外部存在潜在的、有价值的机会，往大的方面说，包括产业政策变化、市场需求变化以及供给变化带来的投资机会、战略机会以及运营机会；小的方面，具体到某种材料的升级迭代、技术的改良等，任何与企业经营相关，能够带来经营和投资改变的，都是发现创造价值。马应龙从上至下每个部门、每个岗位都有发现价值的职责。重点发现以下三个方面的机会点。

（1）发现投资机会点。看得更大更远，读懂时代，从大环境变换里寻找有价值的机会点。通过对公司战略领域各行业及细分子行业现状及趋势分析，发现新的投资机会点，通过风险投资或外部孵化，进军新领域、新产业、新业态。包括：判断行业发展趋势，选择具备投资价值行业，提示机遇和风险；判断大健康产业下细分产业消费趋势，寻找新的消费点；研究细分产业发展，寻求产业突破点和投资价值点；开展对标研究（包括标杆企业和成熟市场），引进新的投资和运营模式。

（2）发现市场机会点。看得更深更透，洞察客户，从用户的真实需求里寻找有价值的机会点。围绕发现和满足客户需求，开展"人、货、场"研究分析，发现新的市场机会点，助力拓展新的产品和服务范畴。包括：围绕发现需求职能，寻找市场机会点；围绕满足需求职能，收集影响市场变化的主要因素，包括政策动态、产品信息、客户需求信息等，升级产品和服务；发现市场机会领域，拓展产品和服务范畴。

（3）发现内部价值机会点。看得更精更细，掌握业务，从日常经营管理活动中寻找有价值的机会点。围绕技术创新、管理创新、制度创新，各单元从现有工作中发现机会点，通过优化调整改进，有利于促进企业发展，增强企业盈利能力，提高经营效能和管理效率。包括：围绕提高产品盈利能力、降低生产成本、提高生产效能等，发现技术创新点，包括开发新产品、引进新技术、推出新的生产（工艺）方法、改进生产或工艺流程、引入研发新模式等；围绕提高经营管理水平、增强营运能力、降低管理成本、提升管理效率等，发现经营管理创新点，包括经营模式创新、销售模式创新、管理方式方法创新、经营理念创新、市场开拓创新、企业文化内涵及宣教模式的创新等；围绕有利于完善制度架构、激发企业内在发展动力、调动员工积极性等，发现制度创新点，包括提出和引入新制度，改进现有制度，调整制度架构和模式等。

2. 整合价值

整合价值是企业通过资源整合、重组再造、模式创新、资源吸纳等手段整合外部资源，提高组织运营效能，从而实现价值创造。整合是手段，整合的目的是创造价值。同样，各职能部门都有价值整合的职能要求，引导和要求各单位都要努力通过外部资源的注入进一步优化流程、资源配置或者促进商业模式创新。各个环节都需要有整合的思维，善于吸纳、利用、转换外部资源，搭建产业生态体系，促进经营效率提升。

公司整合价值就是通过资源整合、重组再造、模式创新、资源吸纳等手段提高效能，从而达到整体价值最优，实现公司价值创造。其中，整合是手段，整合的目的是创造价值。公司进行整合主要从以下几个方面切入。

（1）促进资源配置优化。即对公司原有结构进行优化改善，必须优化整合现有资源，在分析公司优势资源、有效资源和闲置资源的基础上，采取扩大优势资源、优化有效资源、盘活闲置资源、剥离无效资源的方法进行资源的整体整合与优化。

（2）促进使用效率提升。整合的目的是创造新的价值，实现资源的合理配置和科学配置，提高产出及利润，实现效率最大化，从而实现公司的资本增值。公司在市场中能够生存与发展，必须提高资源配置效率，以科学的决策、合理的方式保证配置的效率最大化。

（3）促进创新。即从如何为客户创造更多价值角度挖掘价值点，进行机制创新，利用公司发现市场和识别市场机会的能力，开发新产品满足市场需求，将个人创新整合到公司新产品、新市场、新渠道中，提升公司的核心竞争能力。

（4）促进协同。即以公司利益聚焦，共享共赢为目标，将公司有限的资源配置与主营业务的产品定位、战略定位、市场定位相协调，使公司资源配置的重点更明确，集中度更高，实现更好的协同效应。

3. 制造价值

制造价值是通过企业产品经营的过程实现价值制造，是产品从研发、生产到销售的全过程。当资源通过人员工作、设备、技术、产品设计、品牌、信息、能源和资金等转移到具有更高价值的产品和服务中去时，企业就创造了价值。他们完成这些转移时所进行的工作就是制造价值的工作，也是制造企业目前的核心价值所在。这也是一般制造企业的核心价值。

在马应龙，各组织体系都有发现价值、整合价值和制造价值的功能。

7.2 系统架构和运行方式

为满足价值创造的功能需求，结合战略导向和市场导向的经营要求，以及公司经营的实际需要，构建形成马应龙的价值创造系统。

7.2.1 系统组织结构

基于价值创造的要求，围绕健康方案提供商的战略定位，作为价值创造系统的起点和归宿点。

基于运营需求和组织运行机制，价值创造系统分为运营系统和管理系统。运营系统以满足客户需求为导向，贯穿落实以客户为中心的价值驱动机制，搭建解决方案系统、产品交付系统和客服销售系统，同时基于产业经营和资本经营相结合的战略路径要求，组建资产营运系统。

解决方案系统定位于为目标客户提供产品和服务解决方案，从解决方案角度来帮助客户实现目标或满足需求，对客户群解决方案的业务目标负责。其主要职能在于通过客户沟通，挖掘机会点，形成相应的产品和服务，促进市场突破；理解和管理客户需求，制订客户化解决方案，提供相应产品或服务；组织制订客户化的解决方案并推广，保障解决方案的竞争力。

客服销售系统对客户的经营结果（规模、增长、盈利、现金流）负责；作为客户群规划的制定和执行者，负责目标和策略制定、规划执行和调整、品牌建设等工作；作为销售工作的领导者，组建营销团队、目标和策略制定、监控和执行；作为全流程交易质量的责任者，需要负责市场机会识别、客户群风险识别、合同签订质量把关、合同履行质量监控、收入和回款等工作；作为客户关系平台的建立和管理者，需要负责客户关系规划、客户关系拓展、客户关系管理等工作。

产品交付系统作为交付管理客户满意度的责任人，对接客服销售系统，提供及时、准确、优质、低成本的交付，对产品/服务的交付满意度承担第一责任；作为交付经营目标的责任人，对项目交付经营目标（成本、效率、质量等）负责；作为交付资源管理者，负责产品交付资源管理，整合和利用内外部交付资源，搭建交付平台；承担业务量预测和交付资源需求预测、规划、调配等交付资源的日常管理业务。

资产营运系统是马应龙产品经营和资本经营相结合的战略路径载体，评估和优化产业资源，并通过产业并购、重组整合、吸纳资源等方式，优化、丰富和创新资产运营系统，实施产业整合与资源整合，提高公司资产运营质量和效率。

在管理系统中，马应龙建立以战略管理、人力资源管理、财务管理为核心的三大职能管理体系，强化三大管理职能与运营系统的高效联动和有效管控；形成专业质量、法律、合规、审计为核心的专业支持管理职能，完善全面风险管控机制；构建以外部协调和内部保障为主体的行政服务体系，强化管理效率。公司的价值创造系统如图 7-1 所示。

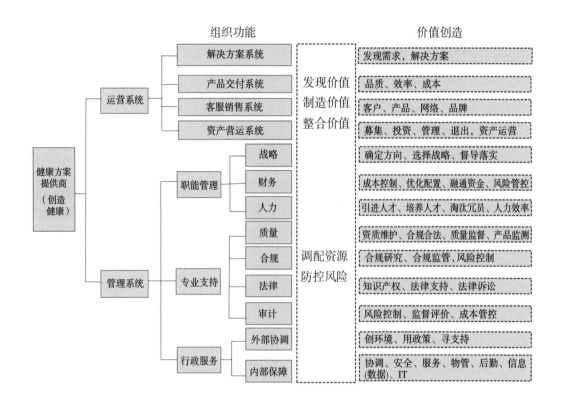

图 7-1 价值创造系统

7.2.2 各环节价值点及运行机制

在价值创造系统图中，明确了公司的组织体系和各系统功能，并进一步梳理明确各系统价值点和运行机制，从而构建形成企业组织架构及各部门的功能定位，这也是马应龙运行机制的出发点。

1. 运营系统

运营系统包括解决方案系统、客服销售系统、产品交付系统和资产营运系统。

解决方案系统定位于为目标客户提供产品和服务解决方案，价值点在于发现有效需求，提供有价值的解决方案。通过搭建信息收集渠道，系统化、常态化开展客户需求调研，发现具有较大市场价值的客户需求信息，定期形成客户需求调研报告。针对客户需求，整合社会资源，快速提供专业产品和技术解决方案，满足客户需要。

解决方案系统的运行机制考虑两个方面。

一是评估需求发现系统及解决方案系统运行是否顺畅。重点通过评价产品立项引进及研发产出运行流程的适用性来开展，并持续优化运行机制。客户需求真伪一般以系列产品整体经济效益表现来进行验证，考虑以系列核心产品上市后5年的整体经济效益为核心检验指标。

二是评估新产品/服务等解决方案是否成功。重点依照产品上市后评估办法进行，分别从产品成本管控、质量风险、客户满意度、经济效益等多方面指标对产品上市后的实际价值进行评估，其中，客户满意度和经济效益应作为最重要的衡量指标。一般药品上市5年，大健康产品上市3年，应对产品上市后是否达到价值预期进行评价，总结经验教训并制定后续优化措施。

客服销售系统直接面向客户，负责全流程产品和服务，价值点在于客户经营、产品经营、网络延伸和品牌管理。通过客户洞察和客户关系管理，挖掘存量客户价值，拓展增量客户资源；规划产品营销，基于客户需求和市场导向，构建产品营销序列，制定产品政策和营销方案，实现动销；维护和拓展营销网络覆盖的宽度和深度，搭建和优化立体销售网络；实施品牌经营，赋予品牌内涵，巩固和提升品牌价值。

客服销售系统的运营机制有效性主要评估存量客户产出和价值、增量客户产出和价值、营销网络覆盖面和深度、网络兼容性、产品营销政策、品牌价值、销售规模等。

产品交付系统是交付管理满意度的责任人，价值点在于品质、效率和成本。以"快交付、高品质、低成本、多增益"为目标，通过系统改善，提高效率效能，提升质量，降低成本，实现整体业绩的增益。

产品交付系统运营机制聚焦于五个方面。

一是交付实现，即根据公司年度经营纲要制定生产经营目标并落实。统筹安排、有效利用内外部生产资源，保障销售需求。加强生产组织与管理，提高物资保障力度，强化设备维保、预防性维修及更新改造工作，以更加灵活、多样化、高效的生产运作模式，提高对市场的反应速度，保障需求。

二是技术引领，即通过先进技术的开发、引进、储备、转化、应用，实现工艺技术的革新、智能制造的升级、产品服务的迭代升级，更好地满足用户需求，形成技术壁垒和优势。

三是生产战略，即根据公司经营战略制定生产经营中长期战略。开展产能分析，客观评估内外部影响因素，提出产能发展策略及实施方案，确保产品力及核心产品竞争优势。

四是成本管控，即建立成本管控机制，定期开展成本统计、成本分析与成本结构优化工作，挖掘降低成本的潜力，实现效益最大化，提高产品竞争优势。

五是风险管控，即建立生产系统风险管控机制，定期开展生产、质量、安全、环保风险危险源辨识，制定有效风险监控与防范措施，针对各类风险建立应急预案并开展演练，确保生产经营活动的合法、安全、有序进行，杜绝质量、安全事故的发生。

资产营运系统定位于资源使用效率的评估和拓展，通过资本手段加速战略实施，提升运营效率。价值点是资产资源的募集、投资、管理、退出以及资产运营。主要在于吸引外部资金参与公司发起、设立及管理的私募股权投资基金融资，引进外部投资人对公司投资项目进行股权融资，分担公司投资成本和风险；构建并完善公司投资运作体系，开展投资信息收集及调研评估，实施公司相关投资决策，增强公司整体产业优势；构建、完善并实施投资风险控制系统，作为相对独立的第三方，跟进投资项目，提出风险预警，有效控制投资风险；执行投后管理工作，从主动层面减少或消除潜在的投资风险，实现投资的保值增值；进一步丰富、创新、完善所属公司管控模式及机制，最大限度地发挥战略协同效应，促进产权管理平台和统筹协调平台的运作，促进所属公司管理水平的提升。

资产营运系统的有效性评估基于资产价值评估角度进行衡量，对投资项目的有效性进行评估，包括资金募集额度、对外投资额度、投资项目收益率、投资资产运营效率等。

2. 职能管理

职能管理包括战略管理、人力资源管理、财务管理三大职能。

（1）战略管理。战略管理价值点在于确定方向、选择战略、督导落实、总结评估，通过整合内外部资源，构建系统化的战略管理体系。

确定方向。战略研究侧重于战略机会判断、战略优势研究以及战略优势实现路径研究。战略机会的判断从中宏观层面对相关行业和细分市场进行前瞻性研究；针对全局性、战略性的政策进行调整研究，发现战略机会和投资价值，为公司决策提供支持。战略优势研究主要是开展相关产业链和产业生态研究，分析产业价值链，发现产业链上的战略优势领域和产业链价值节点。战略实施研究负责对标研究战略实施路径，深度研究其成功的路径和方式，从中发现战略路径的实现方向，寻求与公司产业的复制与对接。

选择战略。系统化制定战略规划，包括战略目标确立、战略路径分

析、中长期战略规划的制定，以及各产业的战略发展规划的指导和建议。

督导执行。以组织绩效管理为工具，协同绩效管理委员会，落实战略督导执行。

总结评估。系统评估战略规划实施情况，建立和完善评估指标和评估机制，优化提升战略规划制定以及战略执行力。

（2）人力资源管理。人力资源管理价值点是引进人才、培养人才、淘汰冗员、人力效率。建立人才标准，开发人才引进渠道，构建人才引进机制；开展人才盘点及评鉴，实施人才培养项目，组织人才职业发展；实施"四定"工程、"四岗"工程，处理劳动关系、应对劳动风险；完善绩效管理、建设激励机制，实施人力资源管控，科学设定绩效目标并向下逐层分解到位，通过多元的激励要素以及全面的薪酬体系，激发员工潜能，提高人力资源投入产出效能。

（3）财务管理。财务管理的价值点在于成本控制、优化配置、融通资金和财务风险管控。通过开展全价值链的战略成本管控，引导成本优化，进行成本规划，实施成本核算、控制、分析、考核；统筹招标管理与工程管理；实施全面预算管理，提高资源配置能力，进行资产配置分析评价；持续构建集团投融资体系，拓展新的融资渠道，加强集团资金集中管理、提高资金资源配置效率和效益；强化风险管控，通过全业务流程的参与及梳理，查漏补缺规范业务过程，减少风险降低损失，采取措施规避税务风险、资金风险及财务信息合规风险。

3. 专业支持

专业支持管理包括质量管理、法律、合规与审计四部分职能。

（1）质量管理。质量管理的价值点在于生产/产品资质维护、合法合规、质量监督和产品监测。维护公司药品、医疗器械、化妆品、消毒产品、食品等生产资质，确保生产资质合规，同时根据市场需求，及时增补新的产品类生产资质。维护公司已有的药品、医疗器械、化妆品、消毒产品、食品等产品资质，及时开展再注册、备案等工作，确保产品资质有效，同时根据市场需求，及时增补新的产品资质。严格按照现行法律法规开展药品、医疗器械、化妆品、消毒产品、食品等产品物料采购、产品生产、检验、上市放行，保证产品质量，确保注册或备案资料与实际生产、记录的一致性，确保生产现场有序性，确保各级监管部门 GMP 符合性检查、生产现场检查、双随机一公开等检查顺利通过，确保制剂产品市场抽检合格率 100%。持续关注客户反馈的不良反应、产品缺陷、使用感受等信息，包括生产过程异常、持续稳定性异常等，督促相关部门评估分析，及时改良升级，确保客户忠诚，提升产品力。

（2）法律。法律事务管理的价值点是法律支持和法律风险防控。法律风险是公司面临的最重要风险之一。法律风险覆盖了公司大部分的风险类别，而且大多数的风险最后都会以纠纷和诉讼的方式出现，最终体现出来的是法律风险。法律事务部最重要的工作目标之一是建立风险控制体系，将公司风控的管理动作渗透和嵌入公司的各个业务流程之中，让风险控制成为各个业务管理活动的自然组成部分。将公司可能遭遇的风险控制在可以接受的范围内，避免因重大风险给公司造成严重损失。公司法律事务的价值在于全范围支持公司业务的快速发展，与销售经营、产品技术研发引进、资产经营、生产保障、人力资源管理、子公司监管等各个业务口径无缝对接，参与商务谈判，提供法律服务，审核控制合同风险，促进利益最大化。

（3）合规。合规管理的价值点是合规研究、合规监管和合规风险控制。基于完整性和实操性考量，持续开展合规研究，形成合规性研讨的常态机制；构建公司经营底线屏障，设计法律红线的适应背景、运行通路及容忍宽度，提供合规运行跑道。推进重点产品、业务的合规性审查运行，拓宽对市场交易、产品质量、财务税收、资产管理、劳动用工等重点领域的合规性审查，形成全方位、多角度的合规监管机制；建立固化、成效的合规风险识别、评估及管控机制，开展合规风险识别、评价工作，各专业职能部门协同开展归口业务合规风险管理，从统筹组织、制度衔接、合规风险信息分享与协同、违规管理联动、部门管理协同和子公司管控协同等方面开展，形成有利于各单元沟通顺畅、效率提升和协同联动的工作方式，提升公司整体的合规风险管控合力。

（4）审计。审计的价值点是审计风险控制、监督评价和成本管控。从监督角度客观反映公司内部经营管理的现状，接受指导，促进公司内部治理结构的完善，保障战略目标和经营目标的实现。组织审查公司及子公司各类业务活动，评价内部管理的适当性和有效性，查错纠弊，督促整改，督促各单元提高运营效率和效果。

4. 行政服务体系包括外部协调和内部保障

外部协调价值点是创环境、用政策、寻支持，强化企业发展的外部环境适应性，提升产业政策前瞻性，把握政策机遇，整合外部环境资源，助力企业发展。

内部保障价值点是协调、安全、服务、物管、信息、IT。通过内部行政、后勤、信息技术等支持保障体系的运作，提升运营效率和企业经营环境。

7.3 "四定"工程与价值创造

"四定"工程，即定事、定岗、定人、定薪，是基于战略的人力资源优化配置的奠基工程，通过明晰职责流程、科学设置岗位、优化资源配置、完善薪酬体系、提高人员效能，促进"事、岗、人、薪"四者之间的合理匹配，提高岗位价值和岗位效率。

7.3.1 "四定"的逻辑起点

一般企业"四定"的逻辑起点就是战略和商业模式。它决定了企业的组织架构和运行方式。

战略是实现企业愿景和使命的具体化路径，决定了企业在既定的战略经营领域开展经营活动所要达到的长远性和全局性目标，是企业发展的总任务、总要求和根本方向。企业的战略管理就是把我们规划出的战略付诸实施的过程，因此，战略是同日常的经营计划执行与控制结合在一起的。定事必须以战略为前提，考量营运性目标与战略性目标的结合，总体战略目标与局部战术目标的结合，促进企业资源配置的最优化，以最少的成本实现战略目标。

商业模式是对企业商业活动的一种抽象，决定了商业活动如何为企业带来盈利，如何把组织中的投入转变成价值增加的产出过程。商业模式是企业战略的具体化，反映了一个企业的经营逻辑，好的商业模式的设计能为企业提供可行的经营模式，指导企业如何发展和向哪个领域发展。

商业模式是企业为实现定位而构建的利益相关者的交易结构，包括四个层面的含义：一是价值，价值的源头就是客户需求，商业模式要具备价值功能和增值功能；二是资源配置，商业模式是具有资源配置作用，以实现价值和盈利为导向的；三是战略，商业模式应匹配公司总体战略，具有可持续性和稳定性；四是体系结构，商业模式是一个体系结构，是对市场的回应方式，具备顾客、内部资源、其他伙伴和外部环境四个界面。

在战略和商业模式共同作用下，马应龙融合了战略目标要求、商业模式运作需要，形成了相对完整的价值创造系统，这也构成了马应龙"四定"工程基础和逻辑起点。

7.3.2　组织架构设计

以价值创造系统为逻辑起点，作为"四定"工程的基础，确认组织架构和功能。

1. 解决方案系统

对应部门为健康研究院，其职能包括搭建需求发现渠道，系统化、常态化开展客户需求调研及分析。制定产品引进规划，完成重点产品立项；统筹协调贴牌产品首次上市前工作；统筹制订产品研发计划，开展上市前研究工作；持续开展在研产品工艺符合性及合规性核查，统筹产品工艺改进；组织各类政府项目和荣誉资质申报，收集惠企政策，结合公司战略发展理念，正确判断综合形势，分析政策；积极开展外部合作和公关外联，建立外部技术和政策支撑系统。通过以上职能实现发现用户需求、提供解决方案的价值点。

2. 产品交付系统

对应部门为生产中心，其职能包括完善交付系统建设，高效组织生产制造，通过先进技术的开发、引进、储备、转化、应用，实现工艺技术的革新、智能制造的升级、产品服务的迭代升级，通过制订生产计划、保障物资供应、调配设备运转对产品交付进行管理；拓展委外生产渠道，提升产能；开展文件、合规、偏差、风险质量管理；实施安全与环保管理；开展精益管理与成本管理。通过以上职能实现提高效率效能、提高产品和服务品质、加强成本管控的价值点。

3. 客服销售系统

由于其产业范畴和运行平台等差异，客服销售系统由若干单位集合构成，主要包括：药品营销、电商营销、大健康营销、互联网医疗营销、品牌终端直营等。"四定"过程中，根据各平台的运营差异，围绕营销服务的核心价值点确认其主要工作职能，具体包括以下几种销售系统。

（1）药品客服销售系统。对应部门为销售中心，其职能为进行客户开发、维护、接受客户反馈；优化组织货源物流配送，确保结账回款及时性；拓展多样化品种及渠道，探索渠道下沉；明确品牌定位，强化品牌效应，延伸品牌价值，有效经营品牌。通过以上职能实现客户经营、产品经营、网络延伸、品牌管理的价值点。

（2）电商客服销售系统。对应部门为电商事业部，其职能为线上产品销售与客户服务，持续开发并维护客户；开发/引进新产品，优化升级产品；拓展业务渠道，开拓业务新领域。通过以上职能实现客户经营、产品经营、网络延伸的价值点。

（3）大健康客服销售系统。对应部门为大健康事业部，其职能为以客户感知价值为目标实施精准营销；明确产品功能定位，构建产品线；对接外部合作经营；实施分线运营、品类管理及网络平台形成渠道融合。通过以上职能实现客户经营、产品经营、网络延伸的价值点。

（4）互联网医疗客服销售系统。对应部门为互联网医疗事业部，其职能为进行客户开发、维护、接受客户反馈；开展信息化项目管理，优化商业模式；组织平台开发、运营及推广；进行品牌设计、推广、宣传与延伸。通过以上职能实现客户经营、产品经营、网络延伸、品牌管理的价值点。

（5）品牌经营、终端直营服务系统。对应部门为品牌经营部，其职能为贯彻公司品牌经营战略，进一步强化肛肠健康领域的核心定位，围绕品牌定位，挖掘品牌内涵，提升品牌价值；优化品牌资产，完善品牌监管，规避品牌经营风险；开展整合品牌传播，赋能助推业务增长，积极拓展线上直营终端业务；通过"马应龙+"品牌延伸策略，积极拓展大健康领域等新兴领域。通过以上职能实现品牌定位、品牌强化、品牌延伸、品牌经营的价值点。

4. 资产营运系统

对应部门为资产营运中心，其职能为设立基金，规范管理；实施产业并购、财务投资、证券投资；所属公司产权管理与风险管控；优化存量资产；整合产业资源，挖掘增量。通过以上职能实现募集资金、投资并购、投后管控、项目退出、资源整合的价值点。

5. 战略管理

对应部门为董事会秘书处，其职能为搭建战略研究平台，统筹战略研究；制定公司战略规划并分解实施；组织绩效制定及跟踪；建立健全信息披露机制，做好投资者关系管理，维护公司资本市场良好形象，提升市值管理水平；跟进投融资工作，实施资本市场再融资；建立与完善公司治理结构，确保合法合规以及高效运作。通过以上职能实现确定方向、选择战略、督导落实的价值点。

6. 人力管理

对应部门为人力资源中心，其职能为建立人才标准，开发人才引进渠道，构建人才引进机制；开展人才盘点及评鉴，实施人才培养项目，组织人才职业发展；实施"四定"工程、"四岗"工程，处理劳动关系、应对劳动风险；统筹绩效管理、建设激励机制，实施人力资源管控，科学设定绩效目标并向下逐层分解到位，通过多元的激励要素以及全面的薪酬体系，激发员工潜能，提高人力资源投入产出效能；开展员工关爱活动与民主管理，组织企业文化宣教。通过以上职能实现引进人才、培养人才、淘汰冗员、人力效率的价值点。

7. 财务管理

对应部门为财务管理中心，其职能为开展全价值链的战略成本管控，引导成本优化，进行成本规划，实施成本核算、控制、分析、考核；统筹招标管理与工程管理；实施全面预算管理，提高资源配置能力，进行资产配置分析评价；持续构建集团投融资体系，拓展新的融资渠道，加强集团资金集中管理、提高资金资源配置效率和效益；强化风险管控，通过全业务流程的参与及梳理，查漏补缺规范业务过程，减少风险降低损失，采取措施规避税务风险、资金风险及财务信息合规风险。通过以上职能实现成本控制、优化配置、融通资金、风险控制的价值点。

8. 质量管理

对应部门为质量保证部，其职能为建立资质维护与准入审计机制，围绕公司本部所有药品、食品、化妆品、消毒产品和医疗器械的生产资质和产品资质，建立备案、注册管理和维护机制，保证公司生产行为的合法性；加强质量控制与质量监督，开展品质文化教育、标准化实施、质量监督与控制、质量改进、品质衡量（PONC）、产品监测的实施，确保生产行为合规合法，顺利通过各级监管部门的检查与抽样检验；实施全产业链质量管理，处理质量危机事件；加强产品安全性监测，关注客户信息反馈，促进质量改进。通过以上职能实现资质维护、合规合法、质量监督、产品监测的价值点。

9. 法律合规

对应部门为法律和合规部，其职能包括管理并维护知识产权；处理诉讼、纠纷等法律事务；提供法律服务；事前合规研究，为各项经营活动的合法开展提供参考依据；事中合规监管，对各项经营活动项目的实施进行过程监督；事后合规审评，进行合规检查、评价与督促整改。通过以上职能实现知识产权建设、法律风险防控、法律支持服务、合乎规范的价值点。

10. 审计监察

对应部门为审计监察部，其职能为开展内控建设和评价；强化风险管理机制；实施多维度内部审计；开展市场监控，组织审查公司本部及所属公司各类业务活动，重点关注采购销售等关键领域，评价内部管理的适当性和有效性，查错纠弊，督促整改，促进运营效率和效果提高；建立监察管理体系，采取主动监察与接受举报投诉相结合的方式，开展监察事项或案件的受理、调查、处理和报告；组织开展招标管理及公司工程项目预、决算及过程审计。通过以上职能实现风险控制、监督评价和成本管控的价值点。

11. 行政服务

行政服务包括外部协调、内部保障两个方面。

外部协调对应部门为总经理办公室，其职能为拓展社会公共资源，搭建政府和协会的公共关系平台，做好日常维护，构建公司经营必要的社会力量支撑体系；实施督办、绩效调度与工作协调；规范制度、印章和档案管理，保障日常运营。通过以上职能实现内部协调、外部环境支撑与用政策、寻支持的价值点。

内部保障对应部门为行政服务中心和信息中心。其中行政服务中心的职能为开展行政管理；开展员工后勤服务，实施园区安全管理，优化办公与土地资源管理，合理分配现有资源，有效盘活或开发、规划资源；掌握各类资源的市场动向，通过租赁、购入等方式获取办公与土地资源，并通过市场化经营，有效盘活闲置资产，使资源保值或增值。通过以上职能实现客户服务、安全管理、资源管理、成本管控的价值点。

信息中心的职能为建设信息情报体系，建立数据分析体系，实施 IT 管控，强化信息安全体系建设及 IT 基础建设，深化信息技术在本部及子公司经营管理各环节的应用，实现信息化对业务流程的支持，提升工作效率，全面推动集团数字化转型助力企业战略落地，以信息化为基础推动业务流程变革，承担企业管控体系落地的重任。通过以上职能实现信息情报、数据创新、IT 支撑的价值点。公司的价值创造系统和部门设置如图 7-2 所示。

7.3.3 "四定"优化思路

基于组织架构设计前提下，开展实施"四定"工程，结合业务实际，以价值创造为主线，进一步明优化各单位的定位、功能、职责和流程，形成高效工作机制。

1. 以价值创造功能为导向的定事优化

运营系统定事优化突出以市场和战略为导向的职能设计，实现"发现价值、制造价值、整合价值"的目标。主要是基于市场和战略需求梳理和整合职能，基于价值点进行流程优化，将流程各环节的职责与价值创造点紧密结合，实现全流程的价值创造。

管理系统定事优化突出效率和风险导向，通过调配资源和防控风险实

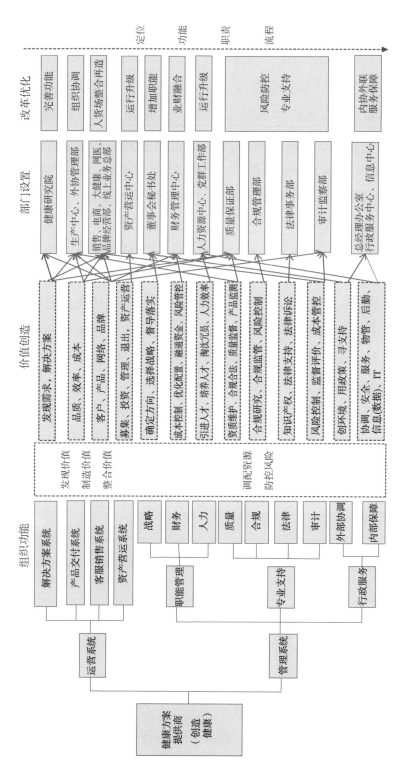

图7-2 价值创造系统和部门设置

现价值创造。具体包括三类。

第一，职能管理类包括"战略、财务、人力"三大职能，职能管理以效率为导向进行职能优化，强度各职能部门"做有价值的事"，主要以"需求创造供给"和"供给创造需求"两种途径实现价值创造，三大职能部门除了提供运营系统需求的供给之外，还需创新服务内容以"供给"带动运营系统的价值创造，同时形成自身的价值创造职能。因此主要基于价值创造点新增能够为运营系统带来价值创造的职能，通过"自下而上"和"自上而下"两个方式确定职能部门的"新增职能"。

第二，专业支持类包括"质量、合规、法律和审计"四大职能，专业支持类职能以风险控制为导向，此处风险应为外部风险，四大职能部门要时刻关注运营系统的运行状况，对可能面临的外部风险作出迅速反馈和制订解决方案。基于此，专业支持类职能部门的职能优化路径为：一是梳理风险类型并确定风险防控的前头部门；二是确定各职能部门职能边界范围（职能最大和最小范围）；三是各职能部门之间通过职能边界划分与协同机制实现风险的联防联控。

第三，行政服务类包括"外部协作和内部保障"两大职能，行政服务类职能仍以效率为导向，围绕价值创造点，通过制度流程化和流程优化来实现"新增职能"和"职能优化"。具体路径为：一是以公司价值创造点为基础对此类部门进行"新增职能"设计；二是以部门流程梳理为基础进行流程诊断和优化，对原职能进行删减和优化。

2. 以价值创造流程为导向的岗位编制设计

流程管理是"四定"工作的重要一环，涉及大量专业的流程管理要素，这里不赘述。马应龙在"四定"中，基于落实价值创造的流程管控，进一步梳理和精简流程，确认岗位设置。

在核心流程优化中，是基于价值创造、市场、战略、效率、风险等要素和流程诊断结果对各职能部门核心流程进行优化。包括对流程横向环节的问题进行优化，包括增设环节、删减环节、合并环节和流程回路优化等。如：对各部门各事项逐一审核，对无效、无意义、无价值的事项予以精简；

调节其流程中节点的顺序（前后或后前）。对流程纵向环节的问题进行优化，包括审批主体、审批层级、同一主体的审批次数、审批的条件等优化。如：通过授权来简化同一层级主体审批次数；减少同一事项在公司层面的审批次数；判断在多层审批过程中"发起人"经手次数的合理性等。

流程优化通过更为细化的价值创造过程的管理，通过岗位饱和度测试等来设计岗位和编制。

3. 以价值创造目标要求和结果导向实施定人定薪

基于公司战略变革和价值创造体系的目标，进一步修订公司各层级岗位的任职资格体系。关注两个方面的内容，一方面是公司层面的全员核心能力素质：这是所有员工进入企业的门槛，是企业员工最基础、最根本的能力素质的体现，要与公司价值创造的目标要求相匹配；另一方面是岗位层面的专业任职资格，即职类素质模型：职类素质模型是多个岗位的同一职类对于员工能力素质的专业要求，它能够将此类岗位上的卓越成就者和表现平平者区分开来。具体衡量标准也是与价值点相挂钩。

比如健康研究院的价值点是发现需求，提供解决方案，那么对于员工素质要求能够围绕需求发现的"三识"标准，即：学识、胆识和见识，具备大健康产品、药品等相关产品的高素质研究能力，具备市场调研和需求发现能力等，即岗位要求是跟岗位的价值创造流程完全匹配的。

7.4 价值创造的结果评价

对于马应龙的价值创造系统来说，构建以价值创造结果为导向的评价体系，有助于引导和深入推动价值创造的实施和落地，相应的评价指标和标准也在运行中不断优化和完善，以求更科学、准确、有效地评价各环节的价值创造水平。

7.4.1 营运系统的结果评价

营运系统的结果评价突出量化特性，根据价值点要求，通过"四定"，确认其职能和工作事项，并针对性地延伸出评价标准。

营运系统作为制造价值的直接参与主体，对其结果评价围绕企业价值产生的关键环节展开，结合各环节的价值点，开展工作成效的评估。评价结果以量化指标为主。

以解决方案系统为例，其主要评价标准如表 7-1 所示。

表 7-1　　　　　　　　　　解决方案系统评价指标

价值点	职能及工作事项	评价指标
发现用户需求	1. 渠道搭建：搭建需求发现渠道，能定期获取用户和市场信息	1. 调研渠道需求端和供给端覆盖范围，是否能够有效常态化运作 2. 国内市场和国际市场信息收集渠道覆盖面，是否能及时高效收集供给端前沿技术信息、产品信息等
	2. 需求调研：系统化、常态化开展客户需求调研及分析，定期形成客户需求调研报告，发现具有市场价值的客户需求信息	1. 季度提交的调研报告数量 2. 采纳的调研报告数量
	3. 需求分析：明确具有现实价值或符合未来价值转移趋势的产品/服务开发领域	1. 提出新产品方向数量 2. 提出可升级产品数量
提供解决方案	1. 产品获取：制定产品引进规划，完成重点产品立项；统筹贴牌产品首次上市前工作；制订产品研发计划，开展上市前研究工作，获得产品上市许可	1. 产品立项数量 2. 贴牌产品上市数量 3. 产品研发进度 4. 上市后效果评估（收入、利润、客户满意度等）
	2. 产品升级：持续开展在研产品工艺符合性及合规性核查，完成工艺改进项目立项。统筹开展产品工艺改进研发	1. 工艺改进项目立项数量 2. 工艺改进项目完成进度 3. 主要升级目标达成或改善

7.4.2 管理系统的结果评价

管理系统的评价指标结合其价值点要求，突出过程管理的要求，侧重于对运营系统的支持和管控。

以战略、人力、财务职能管理系统为例，如表 7-2 和表 7-3、表 7-4 所示。

表 7-2 　　　　　　　　　　战略管理价值创造评价指标

价值点	工作事项	评价指标
确定方向： 发掘战略机会和投资价值方向，深度研究战略实施路径，确认可拓展方向和实施方式，推动健康方案提供商的深化落地	1. 搭建战略研究平台，组织平台运作 2. 统筹组织和参与战略研究专项课题研究 3. 协调搭建发现价值平台，分析整理发现价值信息，提供战略研究项目建议	战略研究报告的数量及质量
选择战略： 对公司战略定位及实现路径发表意见；明确公司中长期战略规划	起草制定公司战略规划、分解实施，包括战略目标确立、战略路径分析、中长期战略规划以及各产业的战略发展规划的指导和建议	战略规划方案的编制有效性（质量、及时性）
督导落实： 分解战略目标，跟踪、反馈目标实施进度，总结和优化战略	1. 年度组织绩效和高层绩效的制定、跟踪和总结 2. 战略专项的跟踪、总结和反馈 3. 管理工具应用	1. 战略督导机制的有效性 2. 战略绩效管理落实程度

表 7-3　　　　　　　　　　　　　人力资源价值创造评价指标

价值点	工作事项	评价指标
引进人才，基于公司战略转型需要，预测未来人才需求，落实人才引进计划，促进公司战略目标的达成	1. 构建人才标准 2. 制定人力资源规划 3. 完善人才引进渠道网络 4. 合理配置人才结构比例，提升人力资源结构素质 5. 完善薪酬福利激励机制 6. 分析引进成效	1. 外部中高端引进人才数量 2. 人才引进一年留存率
培养人才： 基于人才盘点及评鉴，找出优势和差距，落实人才培养计划，提升整体能力素质水平	1. 开展人才评价 2. 构建多层次培训体系 3. 督导人才发展措施运行 4. 总结推广人才发展经验 5. 拓宽人才发展空间	1. 获得职业发展的人才数量 2. 培训满意度
淘汰冗员： 助推"四定"工程、"四岗"工程实施，持续优化组织结构和岗位要求，对冗员及时予以淘汰，实现人力资源更迭	1. 优化组织机构和职能 2. 开展绩效警示和面谈，调整和淘汰不合格人员 3. 制订人员优化方案 4. 防范劳动风险 5. 严格劳动合同管理	1. 人员编制控制在编制范围内 2. 人员"淘汰"比例
人力效率： 科学设定绩效目标并向下逐层分解到位，通过多元的激励要素以及全面的薪酬体系，激发员工潜能，提高人力资源投入产出效能	1. 统筹绩效管理、分解绩效指标 2. 开展对标分析，提出改进建议 3. 开展绩效评估 4. 统筹薪酬管理 5. 制定薪酬规划 6. 制定人才激励措施 7. 强化集团人力资源管控	1. 人力资源投入产出比 2. 薪酬总额增长率≤销售收入增长率/经济增加值增长率/总成本增长率，人均薪酬水平 3. 人均创利水平

表 7-4　　　　　　　　　　　　　　　**财务管理价值创造评价指标**

价值点	工作事项	评价指标
成本控制： 开展全价值链的战略成本管控，引导成本优化	成本规划：通过价格预测和成本倒推确定目标成本，形成产品的设计、生产及工艺事前规划	1. 战略成本体系建设 2. 战略成本目标达成率 3. 成本费用利润率
	成本核算：识别并夯实各个环节的核心数据，为新产品的报价和财务分析提供支持	
	成本管控：通过事前、事中、事后的控制，建立战略成本体系	
	成本分析：对成本升级因素开展分析和比较，寻求成本降低的途径，为成本规划、经营决策和成本改进提供依据	
	成本考核：定期对成本计划和完成情况总结评价	
	招标管理：统筹安排采购招标工作，持续优化招标流程，加强成本管控	1. 招标管理程序合规 2. 按同质价优原则评审，节约采购成本
	工程管理：对重点建设项目的预、决算及过程跟踪审计，合理控制工程成本	1. 工程管理程序合规 2. 合理保证工程造价符合行业规范和公司要求
优化配置： 持续构建全面预算管理，从财务视角对企业各层级、各业务进行持续衡量、分析和评价，提高资源配置能力	加强预算管理体系建设，持续构建事前对接调整、事中监控优化、事后考核总结的闭环管理机制	1. 预算管理体系建设 2. 经营指标达成率 3. 投入产出效益
	制定科学可行的预算评价办法和标准，不断完善预算分解落实、执行跟踪和分析考评体系	

续表

价值点	工作事项	评价指标
融通资金： 持续构建集团投融资体系，拓展新的融资渠道，加强集团资金集中管理、提高资金资源配置效率和效益	构建银行、股权融资等多元化的融资体系，为本部及所属公司融通资金，化解财务风险	1. 投资收益率 2. 融资规模 3. 融资成本 4. 资金收益率
	参与对内投资和对外投资项目，做好决策的经济效益分析和预测	
	加强集团资金集中管理、提高资金资源配置效率和效益	
风险控制： 强化风险管控，通过全业务流程的参与及梳理，规范业务过程，减少风险降低损失	组织开展公司税务风险识别、评估和控制工作	1. 资产管理到位，运营指标改善（固定资产周转率、存货周转率、应收账款周转等） 2. 财务信息合规
	严格落实资金、存货、应收账款、固定资产管理制度，提高资金使用效益	
	夯实会计核算、财务制度及信息系统三项基础，准确计量和记录公司的价值，不断提高财务信息披露质量，提高公司的公信力	

参 考 文 献

［1］张长胜编著：《企业全面预算管理》，北京大学出版社 2013 年版。

［2］田振国、陈平主编：《中国成人常见肛肠疾病流行病学调查》，武汉大学出版社 2015 年版。

［3］唐政主编：《企业年度经营计划与全面预算管理》，人民邮电出版社 2016 年版。

［4］罗伯特·M. 格兰特著：《现代战略分析》（第七版），中国人民大学出版社 2016 年版。

［5］孙科柳、蒋业财、解文涛著：《华为绩效管理方法论》，中国人民大学出版社 2016 年版。

［6］迈克尔·希特、R. 杜安·爱尔兰、罗伯特·霍斯基森著：《战略管理：概念与案例》（第 12 版），中国人民大学出版社 2017 年版。

［7］仲继银著：《董事会与公司治理》（第三版），企业管理出版社 2018 年版。

［8］斯蒂芬、P. 罗宾斯、玛丽·库尔特著：《管理学：原理与实践》（第 10 版），机械工业出版社 2019 年版。

［9］王关义、刘益、刘彤、李治堂编著：《现代企业管理》（第五版），清华大学出版社 2019 年版。

［10］吕伟、宋越超、李喆琦著：《医疗健康组织的绩效管理研究》，南京大学出版社 2019 年版。

［11］龚巧莉编著：《全面预算管理案例与实务指引》，机械工业出版社 2020 年版。

［12］仲理峰、时勘：《绩效管理的几个基本问题》，载《南开管理评论》

2002 年第 3 期。

［13］王淑红、龙立荣：《绩效管理综述》，载《中外管理导报》2002 年第 9 期。

［14］王刚、李志祥：《现代人力资源绩效考核方法比较研究》，载《现代管理科学》2005 年第 9 期。

［15］顾英伟、李娟：《关键绩效指标（KPI）体系研究》，载《现代管理科学》2007 年第 6 期。

［16］高小平、盛明科、刘杰：《中国绩效管理的实践与理论》，载《中国社会科学》2011 年第 6 期。

［17］苏增军、李业昆：《基于平衡计分卡的企业绩效目标与指标设计》，载《人力资源管理》2011 年第 9 期。

［18］廖建桥：《中国式绩效管理：特点、问题及发展方向》，载《管理学报》2013 年第 10 期。

附 录

马应龙药业集团股份有限公司
2017 年度经营纲要

一、2016 年工作回顾及 2017 年形势分析

2016 年公司以"转型升级促发展"为指导方针，深入分析内外部环境变化，建立以客户需求为导向的经营管理机制，进一步明确企业战略定位，挖掘发展潜力，厚植发展优势，培育发展动力，拓展发展空间，并启动企业的转型升级。

（一）2016 年工作回顾

（1）强化马应龙品牌影响力。跟进、追踪"东方神药"事件报道，借势传播马应龙品牌，深度开展内容营销的布局。在由中央电视台主办的以"匠造中国好品牌"为主题的"中国品牌发现会高峰论坛"上，马应龙以其 400 多年的技艺传承、文化沿袭及开拓创新，荣获"2016 中国品牌发现指数匠心奖"。品牌价值持续提升，马应龙以 194.56 亿元的品牌价值连续十三年入选中国最具价值品牌 500 强，位列 180 位，在入围的医药企业品牌中排名第三。

（2）强势推动销售网络向基层市场的延伸，切实提高产品市场覆盖率。针对基层市场覆盖难度高、成本高的问题，通过强化自主经营和委托

代理两种方式，一方面推动自有终端队伍的纵深发展，另一方面以整合商业资源、发展自然人代理等方式，推动主导品种的向下覆盖，主导产品保持持续增长趋势，市场占有率持续提升。

（3）完善营销管控机制。推行试点办事处运行机制，进一步提高基层队伍主动性；调整营销队伍职能定位，分区域增设八个大区总监，发挥销售中心对办事处和商务大区的战略与业务规划功能，有利于统筹布局和指导市场业务的开展和资源配置；细化终端队伍管控机制，强化 OTC 队伍的能力提升，全面上线移动营销系统，对 OTC 人员实施全员定位，强化责任和压力，全面提升产出成效。

（4）积极布局产品引进和代理工作。着力挖掘现有营销网络潜力，扩大代理产品的规模，实施物流公司与销售中心的整合，促进物流公司业务与销售中心职能的全方位对接，年内完成利拉萘酯乳膏、藻酸盐敷料等 5 个品种的代理工作，代理产品规模逐步上量。

（5）成立大健康事业部，统筹规划大健康产业发展。贯彻落实肛肠健康方案提供商的战略转型，延伸发展大健康产业，成立大健康事业部，深化外部资源整合平台建设，推动大健康产业的战略实现；引进开发功能性食品，疏通饼干已上市销售。

（6）线上业务发展顺利。网上药店全网运营模式拉开，品种结构进一步优化，眼部护理产品实现网上专供，经营规模持续增长，盈利能力得到改善；互联网医疗加速发展，强化线下网络对互联网医疗的支持和互动。截至目前，小马医疗平台已对接超过 240 家合作医院和 660 名医生，平台价值初步展现；小马医疗平台初期融资完成，武汉硚龙医疗产业投资基金正式成立。

（7）整合社会资源，拓展诊疗产业。依据流调结果，以肛肠疾病患者需要和肛肠保健需求为导向，积极整合社会资源，加快诊疗产业布局；启动"全国百家重点肛肠专科共建计划"，发挥马应龙直营专科医院的基地作用，辐射周边地级、县级城市，强化品牌经营和终端渗透，共建马应龙肛肠诊疗中心。目前，公司已与吉林通化二道江、山东烟台等 11 家基层医疗单位签订合作协议，直营医院步入稳定发展通道，产业运营规模持续增长。

（8）启动精益生产，提高生产质量管理水平。以生产为切入点，导入精益制造，提高运行效率，遏制无效和低效环节，全面提升生产管理水平，促进成本效率的提高；围绕新版 GMP、新药典及法规变化，完善质量管理体系，强化质量管控，产品市场抽检合格率为 100%，产品成品的一次性合格率为 100%；年内眼膏制剂通过新版 GMP 认证。

（9）管理水平持续升级。构建以客户为中心的价值驱动机制，完善客户服务系统、产品/服务解决方案系统、产品/服务交付系统的定位和职能，以客户为中心的运营流程基本构建；优化人力资源激励机制，加快高素质人员引进，完善灵活用人机制，针对中高端岗位的人才猎聘工作，初见成效；启动了精睿实习生的招募工作，创新优秀应届毕业生的引进方式；建立健全风控管理体系，强化内控建设和风控管理；资源配置和绩效管理体系进一步完善。

（二）2016 年工作存在的问题

（1）经营质量有待改善。医药工业盈利能力呈下降态势，应收票据、应收账款比例上升，子公司经营业绩和盈利能力有待提高。

（2）平台效应和价值应进一步挖掘，代理品种、大健康品种上量偏缓，销售网络价值尚未发挥兼容效应；营销网络覆盖有待纵深化，基层市场潜力挖掘不够，市场合作开发机制尚不灵活。

（3）企业扩张和整合速度偏缓，资本经营能力有待强化，轻资产运营方式应进一步整合创新。

（4）管理机制有待优化，以客户需求为导向的运营和管控机制有待进一步完善，一定程度上制约战略转型和升级；资源配置和产出效率略有下降，投入产出尚不能高效匹配；预算管理和绩效管理有待优化和完善，应侧重增量导向、结果导向，注重投入产出分析；人力资源结构应进一步调整和优化，应加大新型人才、高端人才的引进力度。

（三）2017 年经营形势分析

1. 市场需求稳定增长，肛肠细分市场潜力巨大

医药行业规模持续扩大，供给侧改革推动品质升级。随着人口老龄化以及居民医疗支出的增加，医药行业规模不断扩大；医药行业供给侧改革逐步推进，落后小企业逐步减少或淘汰，行业准入门槛提高，行业集中度和行业竞争力提升。企业应强化规范管理，加快推行以客户需求为导向的运营管理机制，升级产品和服务。

肛肠细分领域潜力巨大，尤其是基层市场潜力有待深入挖掘。依据肛肠流调数据呈现发病率高、就诊率低、认知率低，即"一高两低"态势，尤其是基层医疗市场，趋势更加明显。随着医改向基层医疗市场的深入，基层医疗和基层药品市场的份额也必将加速放大。企业应加快布局，积极整合外部资源，加速基层市场拓展。

2. 医改政策不断完善

行业政策调整和规范，影响传统药企营销方式。医保目录进一步调整和规范，三保合一政策落实，将带来各地医保目录及新农合药品目录的调整和大幅扩容，影响未来很长一段时间药品市场的销售及竞争格局。企业应积极跟进医保目录及政策变化，强调政策前瞻性，及时应对和调整营销策略。

随着医疗服务行业改革的深入，医疗服务体系将进一步完善，分级诊疗模式逐步推行，基层医疗需求快速放大；行业生态将逐步优化，医疗服务价格改革带来的市场格局变动、资源配置转移会加速民营医院发展，服务质量和运营能力将是民营医院未来的竞争重点。企业应加快基层医疗和专科医院的发展，培育差异化的竞争优势，促进医院运营及管理水平的提升。

医疗体制改革不断推进，破除以药养医，促进处方药外流等政策利好医药零售市场发展；药品零售企业的规范化管理将推动行业优胜劣汰，为慢性病诊疗下沉和处方药外流等政策的推出创造良好环境，利好具备一定规模优势、服务和管理能力较强的优质连锁企业；两票制落地将加速医药流通行业的整合和变革，流通行业兼并重组加速。企业应发展核心竞争特色，顺应政策趋势，积极介入分级诊疗体系，强化与基层医疗服务机构的对接，改革运营方式，提高产出效率。

3. 健康产业政策有利新兴业态快速成长

健康产业必将长足发展。健康中国被纳入国家战略发展规划，明确提出向全生命周期、全方位健康保障的定位转变，相关政策必然逐步放开，医疗产业、医药产业、保健品产业、健康管理服务产业、健康养老产业五大基本产业群将长足发展，互联网＋、大数据和智能可穿戴设备等新的健康业态必将陆续涌现；"十三五"时期全面推进"互联网＋健康医疗"服务，推动大数据、物联网、移动互联网等信息技术与健康服务的深度融合。企业应把握发展机遇，全面布局肛肠健康领域，延伸商业模式，加速转型发展。

4. 行业监管持续强化

药品质量监管仍是重点，国家质量管理体系将不断规范，并依据质量风险管理的原则，结合品种特点，明确从原材料采集至成品放行各阶段的质量管理责任，确保产品的安全有效、质量可控。企业应高度重视产品质量安全，完善从供应链到终端的全流程产品质量管控体系，防范产品质量风险。

（四）用好比较优势，实现转型升级

近年来，公司在"调结构、促升级"中相应作了很多创新和变革，产品服务得到进一步丰富和完善，产业结构也进一步优化，但是，在转型升级过程中也暴露出一些问题，客户需求导向在体制机制中尚不突出，效能效率尚未得到明显改善等。当前马应龙正处于向肛肠健康方案提供商转型的重要时期，必须进一步厘清和发挥马应龙的特色优势，加快对体制机

制的创新变革，扬长避短，寻求突破。面对新常态和新发展，各级员工务必解放思想，用活机制，用好政策，用足优势，充动调动企业内外的各种资源和积极因素，深入挖掘能力专长，培育经营特色，发挥比较优势，以更强的决心、更大的信心、更实的干劲，奋力推动马应龙的新发展。

二、2017 年经营方针及策略

（一）经营方针

2017 年，公司根据第九届董事会指导思想，以"转型升级促发展"为目标，围绕客户需求，发掘市场发展潜力，整合社会资源，打造肛肠健康方案提供商，构建商业生态链；专注品质升级和效率提升的发展路径，发挥比较优势，以"共建、共享、共担"的多层利益机制为纽带，以人才和机制的有机结合为切入点，整合企业内外部各项资源，加速转型升级，推动马应龙持续健康快速地发展。

（二）经营策略

1. 用好比较优势

（1）建立灵活运营机制。拓宽经营思路，建立和完善"共建、共享、共担"的多层机制，以长期的利益共享为纽带，大力推行项目合伙制，充分调动员工、股东、供应商、客户等利益相关方的主动性、积极性和创造性，构建长效的利益共同体、事业共同体和命运共同体。

（2）强化外部资源整合。建立开放式思维方式，想方设法地整合外部有利资源，促进企业经营，包括人才、技术、市场、资金等；创新人员引进和合作方式，尤其是高端人才或具备竞争优势资源的人才，采取项目合作、业绩分成、市场外包、方案提供等多种合作方式，助力企业解决问题、提升效益；整合外部技术资源和市场资源，以企业发展为前提，以利益为纽带，广开渠道，调动外部利益相关方的积极性，加速解决技术难题和市场瓶颈问题。

（3）明确优势，用好不对称竞争手段。强化马应龙在肛肠领域的品牌优势，努力聚集全产业链资源，发挥平台价值；运营方式和运营策略上必须注重扬长避短，突出重点市场和核心产品，聚焦优势资源到优势领域、优势市场和优势产品，打造和强化核心竞争优势，实现重点突破。

2. 专注品质，推行工匠精神

（1）重塑工匠精神。坚持精益求精、追求卓越的"工匠精神"，要求在制造环节和服务环节注意每个细节，提高每一步的质量，提高产品和服务品质，持续追求企业的高标准、高绩效，努力将自身的能力、优势、资源等发挥到极致；坚持用户至上、创新驱动，必须把消费者摆在首位，无论是设计、制造还是服务，都以消费者的需求为基本出发点，突出客户需求导向，强调研发、管理和应用环节的协同创新，只有被客户接受、被市场验证的产品和服务，才能拥有持续生命力。

（2）追求极致客户体验。不断完善市场洞察机制。利用公司全产业链资源，联动客户服务系统、产品/服务交付系统和产品/服务解决方案系统，搭建基于以客户为中心的市场调研体系；全方位挖掘信息内涵，强调对市场信息的分类解读，挖掘客户需要和发掘潜在客户需求；注重客户体验，强调与客户之间的沟通交流，以提升客户感知价值为导向开展新产品和服务的开发和设计，升级产品和服务品质。

（3）推行精益管理。革新理念，树立"精益思维"，形成自我改善提升的内生动力；强化精益实践，将精益思维延伸到企业经营管理各环节，强调全员参与，提高运行效率，遏制无效和低效环节；鼓励创新，构建持续驱动机制，树立典范，强化示范效应，营造全员精益氛围。

3. 注重效率，提高经营成效

（1）提高岗位效率。以"做正确的事，把事情做得有效率"为目标，深化"四定"工作，完善"四定"的动态调整机制，加强人、事、岗的匹配，持续优化工作流程，提高工作效率。

（2）提高劳动效率。全面开展工艺技术优化，实施技术革新，提高生产效率；建立以客户为导向的质量改进机制，完善质量改进流程；全面推行精益生产，导入精益方法，持续改善，追求卓越成效。

（3）提高营运效率。创新商业模式，积极推行联盟经营、联合经营、资源嫁接、平台代理等轻资产扩张方式，明确价值主张，梳理盈利模式，提高产业经营效益。

（4）提高组织效率。全面推行以客户为中心的价值驱动机制，启动流程再造，构建从发现客户需求到满足客户需求的循环运营机制和流程，实现产品和服务品质不断升级；构建以客户为中心的经营理念，不断完善客户服务系统、产品/服务解决方案系统、产品/服务交付系统的运行机制，形成从客户需求端到价值满足端的闭环循环。

三、2017 年重点工作

2017 年度集团公司经营规模达到×亿元，实现净利润×亿元。

（一）医药工业板块

以"整合资源，挖掘网络附加值"为目标，围绕肛肠健康方案提供商的战略定位，进一步强化肛肠领域领导地位，挖掘工业网络附加值，努力打造整合式经营模式，系统导入精益管理，提高营运效率，完善产品/服务解决方案系统，实现产品开发中心的转型升级，强化生产统筹能力，提高生产资源使用效率，完善质量管理，构建集团架构下的全面质量管理体系，强化资本经营。

2017 年本部收入不少于×亿元，本部利润达到×亿元，其中经营性利润达到×亿元。

（1）努力构建整合式经营模式。改变以产品为中心的传统产业经营模式，向以平台为基础、品牌为纽带的整合式经营模式转型，强化核心优势环节，整合肛肠健康管理全产业链资源，打造经营联合体；向上组织供应链，积极构建经营联盟，向下链接客户端，快速响应客户需求，构建强有力的产品运营通路，发挥平台价值效应；借力互联网平台的资源聚集能力，加快产业变革和转型，促进全产业链的参与互动，构建商业生态链。

（2）强化肛肠领域领导地位。整合各方资源，挖掘和引导肛肠健康领域的客户需求，针对性地引进或合作相关产品；以"专业化、精细化、纵深化"为目标，强化对市场的精耕细作，到 2017 年年底，肛肠领域渠道通路基本完善，实现主导品种基层市场的覆盖率达到✕%。肛肠类产品规模显著提升，2017 年肛肠类品种销售规模达到✕亿元。经第三方测评，马应龙在肛肠治痔领域市场占有率持续增长；加大品种培育力度，产品结构进一步丰富，新品销售规模不低于 20%，新培育 1 个过亿品种。

（3）挖掘工业网络附加值，发展整合代理模式。以创造、引导和满足消费需求为目标，强化对客户内心的理解，依据客户需求组织产品线，实现精准营销；发挥资源整合能力，促进营销方式的转型，由单一的销售职能转变为整合代理功能，创新合作方式，积极尝试项目合伙机制，搭建双方共赢平台，努力实现聚合全产业链资源的目的。

（4）系统导入精益管理，提高运营效率。以生产为切入点，推行精益制造，达到"缩短交期、提升品质、降低成本"的目的；全面推行精益管理理念，努力消除各项浪费，提高资源效率；实现经营标准化、管理科学化、组织规范化、体系程序化，努力促进品质最优化、成本最低化和效益最大化。

（5）完善产品/服务解决方案系统，实现产品开发中心的转型升级。优化调整产品开发中心的运行机制，强化客户需求导向，以解决客户多样化、个性化需求为目标，通过研发、合作开发、代理、贴牌等多种方式，提高产品/服务解决方案能力；深入开展客户需求分析，建立全方位的客户信息收集体系，分析了解客户真实和潜在的需求，制订针对性、多样化、个性化的解决方案，提供相应产品和服务，帮助客户实现目标或满足需求；2017 年，新增产品资源不少于 9 种，其中功能性食品不少于 4 种，医疗器械不少于 5 种，其他产品不少于 2 种。

（6）强化生产统筹能力，提高生产资源使用效率。完善以客户为中心的价值驱动机制，优化产品/服务交付系统，调整职能定位和运营流程；

统筹管理集团体系内的生产及外协加工等产品交付事项，以满足客户需求为导向，保质保量实现产品交付；持续推进精益生产试点项目，评估和总结试点项目推进成效及推进经验，系统导入精益管理；深化成本项目管理，探索标准成本的导入与应用，持续流程梳理与改善，提升生产效率和效能，实现成本的有效管控及持续降低；强化供应商管理，开拓来源和渠道，降低采购风险，并逐步与核心供应商建立战略同盟，搭建共赢机制；持续完善标准化体系建设，通过外部咨询评价与内部常规检查、专题检查相结合的方式系统提高管理水平。

（7）构建集团架构下的全面质量管理体系。完善集团架构下的品质管理与监督，搭建覆盖全产业链的质量管控体系；结合公司转型升级以及新业务延伸需要，持续优化质量管理方式方法，在积极推动新业务、新产业发展的同时，注重防控质量风险；巩固新版 GMP 认证成果，进一步完善质量管理体系建设，防控关键环节的质量风险，提升质量管理水平，确保新厂房及新建眼膏车间的各项生产顺利推进；积极跟进监管形势变化，强化对政策的前瞻性，特别是药品注册、中药提取和药包材行政审批等政策和化妆品分类等监管变化，主动应对，确保公司生产经营活动的顺利开展；注重对客户使用体验信息的收集和分析，完善药品不良反应监测体系，进一步强化产品/服务的安全管理；推行质量风险评价、控制等方法在供应商管控、产品上市销售等环节的应用，识别存在的质量风险，实施有效控制，消除和降低质量安全风险。

（8）强化资本经营。坚持产品经营和资本经营相结合的发展模式，积极整合社会资源，通过资本经营来促进产业结构的调整和优化，延伸产品线和价值链；创新合作机制，实施联合经营，开放合作，共享发展成果；大力推行项目股份制，发展产业基金，加大对相关产业和新医药领域投资规模；积极推动相关产业新三板挂牌，资产证券化取得实质性进展。

（9）完善以客户为中心的价值驱动机制。强化客户需求导向，不断完善从发现客户需求到满足客户需求的循环运营机制和流程；深化客户服务系统、产品/服务解决方案系统、产品/服务交付系统三大系统建设，围绕系统定位和职能要求，细化实施销售、生产和研发的"四定"工作，优化调整运营流程，完善客户需求分析平台，强化客户体验，提高运营效率。

（二）诊疗板块

继续坚持以"改善经营业绩，提高产权价值"为目标，实施轻资产扩张，加速诊疗产业布局，优化共建肛肠诊疗中心运营模式，改善单体医院经营业绩，整合产业优势资源，发挥连锁效应，建立和完善医院运营管控机制，创新诊疗产业营销思路，推动品牌经营升级和文化建设升级，提升后台服务支撑平台的管理效能。

2017年，诊疗产业收入✕亿元，净利润达到✕万元。

（1）实施轻资产扩张，加速诊疗产业布局。依据流调结果，以肛肠疾病患者需要和肛肠保健需求为导向，以打造肛肠健康方案提供商为目标，通过互联网医疗、轻资产扩张等商业模式创新，积极整合社会资源，加快诊疗产业布局，构建全国肛肠医疗服务终端网络；以马应龙直营专科医院为基地，辐射周边地级、县级城市，强化品牌经营和终端渗透，提升肛肠专科影响力。2017年旗下运营和合作医院达到29家，经营规模达到1000万元的医院或诊疗中心不少于✕家，合作医院经营收入不少于✕万元。

（2）优化共建肛肠诊疗中心运营模式。发起设立共建马应龙肛肠诊疗中心专项基金，吸引社会资本参与，搭建与供应商、医院以及战略投资机构等肛肠产业链合作方的共赢平台，实现风险共担、利益共享；组建专项运维团队，全程跟进合作项目进程，学习摸索、建模建制，提升自身管理储备，并帮扶肛肠诊疗中心管理建设；形成马应龙特色合作经营模式；建立专业管理咨询团队，完善肛肠诊疗中心业务合作标准，优化选择合作标的，提高运营效率；进一步整合诊疗体系下的专家资源，发挥专家效应；强化与小马医疗运营平台的合作，促进线下产业发展，2017年在小马医疗协作下，增量收入不低于✕万元。

（3）创新商业模式，改善单体医院经营业绩。坚持单体完善、复制扩张的经营策略，强化各单体医院经营特色；建设特色鲜明、客户体验突出的样板店、医院或样板区域、科室等，立足于挖掘卖点，强化客户感知价值，丰富服务品种，延展服务范畴；鼓励各连锁医院发展相关性业务、补充性业务和延展性业务，丰富产品、服务的结构和特色，提高运营效益。

（4）完善投融资体系的建立，促进证券化。完善诊疗板块投融资体系建设，妥善处理迈迪基金遗留问题，优化股东结构，实现医投股权的平稳过渡；建立医院体系内的多元化融资机制，强化现金流管控，发挥医投本部的综合业务管理职能，建立灵活运营机制，提高整体融资能力。

（5）整合产业优势资源，发挥连锁效应。强化成本管控，建立专业设备评估及合作机制，明确医院需求，与主要设备供应商形成战略合作关系，尝试出租、融资租赁等灵活合作机制，提高设备保障能力和使用效率；强化产品集中配送机制，坚持集中采购和配送原则，建立合格供应商名录，健全供应商管理，运用招标、多方询价比价、商务谈判、市场行情监控等多种方式，持续降低采购成本；强化专业能力和服务水平，完善产品供应体系，细化配送管理，完善产业内的连锁配送体系，提高产品配送服务能力。

（6）建立和完善医院运营管控机制。构建连锁医院内分级管理体系，完善各级医院的运营架构和角色定位，确保运营结构的优化和各业务之间的衔接；推行客户价值驱动机制，以客户为中心，重视客户的体验感受，提升医疗服务质量；建立医疗质量的管控机制，加强医疗质量风险管控。

（7）创新诊疗产业营销思路。以"多层次、差异化"的服务策略为基础，开展全方位、立体化、低成本的市场营销；注重与媒体的公共关系建设，推行学术交流、公益慈善、党群活动、社区营销、事件营销、互联网营销、关系营销及广告营销相结合的立体营销；加强与有关政府部门和基层医疗机构的联系，深入居民社区，增强肛肠医疗的可及性和便利性；强化全员营销意识，扩大自媒体影响力，加强视频自拍、与外部平台展开合作等形式，善于利用新兴媒体和权威媒体，加强在全国范围内的品牌传播。

（8）推动品牌经营升级和文化建设升级。以构建客户为中心的品牌经营系统及配套客户价值驱动机制为契机，借助外力在各连锁医院推行"一切以患者为中心"为原则，以客户的满意度和感知价值为目标，完成各项制度及标准化流程。充实品牌内涵建设，继续统一品牌识别，鼓励品牌接触点的丰富化、生动化；强化企业文化的宣教工作，滚动实施肛肠健康公益计划；加快马应龙连锁医院品牌建设系统升级，树立马应龙肛肠专科医院的专业化品牌形象。

（9）提升后台服务支撑平台的管理效能。夯实财务基础管理，加强财务分析工作，为公司经营管理提供有效的决策信息；突出强化人才培育和团队建设，帮扶骨干员工的职业成长，制定体系内医师多点执业、护理技师教练工作的实施办法，调研实行合伙人制度的内外部条件和可行路径，探索建立长效激励机制；构建督办工作机制，提升管理执行力；逐步完善医院本部公司治理以及财务体系的内控建设。

（三）医药商业板块

以"创新商业模式，强化竞争特色"为目标，创新商业模式，发展潜力市场，打造连锁药店经营特色，加强并扩大工商联盟合作，整合产业资源，发挥集团协同效应，积极推行整合式经营和项目合伙制，提升运营效率，控制经营风险。

2017年大药房收入不少于×亿元，其中大药房本部收入不少于×亿元；净利润不少于×万元。

（1）打造连锁药店经营特色。强化特色鲜明、契合消费理念的企业形象，推广"买品牌药到马应龙"经营理念和"安全、专业、实惠、便利"的企业价值主张，强化客户体验，完善样板店建设，打造特色鲜明的客户体验样板店模式；形成以治疗、预防为主的健康板块商品结构，构建商品全、价格优、服务专业的经营形象，打造特色品种专区；利用产业资源优势，提高运营效率。

（2）创新商业模式，发展潜力市场。开展"马应龙健康家"业务，把握分级诊疗发展机遇，整合社会力量，打通全产业链资源，积极对接社区医疗服务，拓展社区医疗、养老保健等业务；逐步放开药品零售的特许经营模式，以"品牌授权，自负盈亏，控制风险，合作共赢"为原则，建立项目合伙等灵活合作方式，逐步扩大商业特许经营店配送业务总量和商业特许经营店门店数量，实现合作双赢，到 2017 年年底，门店数量不少于 100 家；拓展业务范畴，推行基层医疗机构药房托管或共建社区卫生服务方式，提升社区卫生服务中心的药事服务能力。

（3）加强工商联盟合作，整合产业资源，发挥集团协同效应。积极拓展工商联盟的战略合作方式，深化集团体系内人员和资源的互动经营，实现湖北市场销售队伍和市场资源的深度共享，提高市场拓展效率；把握市场监管带来的市场重构机会，整合各方力量，拓宽终端客户；积极拓展省内商业分销增量市场，夯实省内连锁领先配送商的定位；以平台化和专业化为目标，强化批发经营优势。

（4）积极推行整合式经营和项目合伙制。在连锁药店的经营环节开展合伙，选择优秀门店，使其主要经营团队参与到门店经营，强化企业与员工共同创业，实现单体药店的合作经营，打造"药店经营标杆"；转换运营机制，进一步强化员工激励，优化约束机制，提升员工压力、动力、活力。

（5）提升运营效率。优化采配平台运营，通过资源整合，逐步降低人工、仓储、物流经营成本；调整商品结构，强化空间管理，减少无效陈列面积，寻求可嫁接互补型业态合作经营，降低费用；持续推行"四定"工作，优化人员编制结构，减少人工成本；深化经营分析，针对性地提升运营效率。

（6）控制经营风险。依据客户分级管理，实施账款分类管理方式，优化客户结构，控制应收账款风险；持续降低商业分销和调拨比例，确保合规经营；严格执行 GSP 管理，加强质量监管和惩处力度，杜绝质量安全事故发生逐步；导入预算管理体系，明确资金使用计划，强化融资功能，降低财务风险；注重品牌风险管理。

（四）大健康板块

以"深化资源整合，加速产业发展"为目标，发挥大健康事业部的统筹规划能力，强化资源整合能力，统筹规划功能性护肤品、功能性食品、医疗器械、中药饮片等大健康业务发展，分析大健康消费者需求，丰富产品结构，明确药妆品类发展模式，培育重点市场和主导品种，优化中药饮片品类结构，嫁接品牌价值，强化团队建设，提升专业推广能力。

2017 年，大健康产业销售收入达到×亿元。

（1）整合社会力量，统筹规划大健康产业发展。发挥大健康事业部的统筹规划能力，强化资源整合能力，统筹规划功能性护肤品、功能性食品、医疗器械、中药饮片等大健康业务发展，整合内外部资源，强化业务平台的嫁接与合作，加快大健康业务发展；探索并初步建立大健康产业发展模式；完善大健康板块资源配置，品牌策划与设计、业务管理等管理机制。

（2）分析大健康消费者需求，丰富产品结构。研究基于肛肠健康期、亚健康期、初病期、中病期、重病期、康复期的全病程的消费者需求，为全病程的产品和服务提供改进依据；根据消费者需求研究制定大健康产品发展规划，统筹大健康新产品立项、引进和开发，初步建立肛肠健康服务需求；加快大健康产品引进开发和合作，2017 年大健康新增品种不少于 9 个，其中功能性食品不少于 4 个，医疗器械不少于 5 个，其他（含药品、消字号）产品不少于 2 个。

（3）培育药妆重点市场和主导品种。明确瞳话品类发展模式，针对线下市场，选择重点发展区域，精耕细作，摸索形成可复制的有效市场操作方式；培育大健康主导品种和战略品种，形成大健康特色产品，单品种规模明显提升。

（4）优化中药饮片品类结构，嫁接品牌价值。梳理和优化中药饮片产品线，突出马应龙品牌特色，打造富有竞争力的核心品种；开展差异化营销，明确特色产品、重点产品和重点市场，力争局部突破，形成操作模式。

（5）强化优势，加快护理品公司发展。延展马应龙品牌及资源优势，优化营销策略，提升市场影响力；培育核心品种和重点产品线，打造专业品牌形象，逐步提升自营网络占比。

（6）加强团队建设，提升专业推广能力。针对性引入大健康专业营销人才，优化人员结构，提高团队专业推广能力；整合外部资源，开展项目合伙经营方式，加快团队人才培育，并搭建风险共担、利益共享的合作平台，通过资源互补，快速提升新产品、新市场的销售规模。

（五）线上业务

以"建平台，促互动"为目标，加快小马医疗平台建设，强化平台推广，平台经营初具规模；强化电商核心竞争优势，改善经营业绩，强化线上运营团队建设，积极应对新业务风险。

（1）加快小马医疗平台建设。加快线上与线下业务的互动发展，构建闭环医生生态圈，满足肛肠科医生圈线上线下互动交流和职业成长的需要；加快平台传播和客户引流，实现与第三方平台、智能终端的整合嫁接；初步搭建完成标准统一、信息共享、功能完善、安全可靠的用户信息大健康数据中心，具备大数据分析、挖掘和利用的能力。

（2）强化平台推广，平台经营初具规模。强化内外部资源整合，利用肛肠领域全产业链资源，打造肛肠健康线上平台；培育专业推广团队，借力线下资源优势，发展可注入的医院服务业务、延伸品种业务，创新平台合作方式。

（3）强化电商核心竞争优势，改善经营业绩。发挥网上药店药事服务优势，拓展业务范畴，打造专业竞争力；提升全网运营能力，拓展多平台多店铺；强化品类经营，着重发展自有品种、高毛品种和战略合作品种，缓解损益压力；推动药学专业营销、文化营销的转化落实，进一步巩固特色医药零售商的战略定位。

（4）强化线上运营团队建设。线上团队以内部培养为主，外部招募为辅的方式，启动骨干人才专项培育计划；借力借脑，柔性用工，动态优化人员结构；加强阶段性业务分包，同步解决供应链问题和人才识别引进问题。

（5）积极应对新业务风险。坚持"经营优先、逐步规范"的导向，针对性地解决突出问题，以仓储物流规范管理、5S现场管理、业务兑账、税务筹划为重点持续强化，建章建制；加快新 IT 技术、物流技术的应用，提高综合保障能力；优化供应链建设，规避行业监管政策紧缩或有风险。

（六）基础管理

（1）强化方针管理。不断优化方针管理运行方式，提升决策力、执行力和协同力；深化绩效和预算管理，强化费用和成本管控，促进绩效和预算的有效对接，提升资源产出效率；加大对新兴产业和产业升级转型的支撑力度，针对产业发展阶段和特点，优化调整预算和绩效管理方式，完善绩效评估体系，增设对资源使用效率的考核机制。

（2）强化人力资源经营。强化人才与机制相融合，深化"四批""四化""四定"，优化人员结构；完善以责任结果为导向的绩效管理机制，强化管理层的业绩贡献、责任担当和工作态度，提升人力资源经营成效，实现人力资源管理的"三低一高"，即人工费用占销售收入比例、人工费用占经济增加值比例、人工费用占总成本比例降低，人均收入提高。

（3）强化加减法应用，提升存量资产运营效率。梳理并科学评估子公司经营现状，在综合评价的基础上，结合公司的战略规划，优化存量资产，增强资产流动性；完善子公司管控方式，发挥"产权管理和协调服务"核心功能，帮扶子公司成长及构建核心竞争力，为子公司的盈利能力提升和规模扩张形成长效驱动；持续调整子公司绩效责任跟控机制，强化绩效约束，促进经营业绩提升。

（4）优化品牌管理机制，持续提升品牌价值。强化集团体系下的品牌管控，争取高附加值的品牌资质，优化品牌资产管理，强化知识产权管理，加深对品牌工匠精神的演绎，进一步优化品牌传播内涵；整合线下线上的宣传推广活动，强化客户体验，扩大对目标人群的影响力。

（5）不断完善全面风险管理体系。健全风险管理组织体系，调整优化风险管理机制，实现风险管理的有效运行；向上下游延伸风险管理覆盖领域，完善供应商动态监测与评价，注重对代理商、经销商的风险评估和管控。

（6）夯实基础管理。信息化建设稳步开展，深化推进两化融合体系的贯标工作，提升业务运营效率；强化财务分析的预警作用，分类开展定期、不定期的财务分析，关注异常数据、重点业务投入产出情况，及时提示，防范经营风险；升级三维三力管理体系，构建以客户为中心的价值驱动系统，完善客户经营系统；丰富企业文化内涵，宣贯和推广工匠精神，践行精益求精、追求卓越的工匠理念，打造富有马应龙特色的工匠文化；促进党群团工作与经营工作的有机联动，发挥纪委对公司经营的监督效应。

后　记

马应龙创始于明朝万历年间（公元1582年），至今已持续经营439年，作为这家中华老字号企业的经营者，一方面要探索发现马应龙400多年持续经营的奥秘，从中挖掘、提炼人文理念予以传承；另一方面要与时俱进、开拓创新，丰富人文内涵，特别是促进其理念行为化、模式工具化，用以指导实践。正是基于这个逻辑的探索实践，才形成了马应龙三维三力价值创造系统。

尽管三维三力价值创造系统于2016年1月获得第二十二届国家级企业管理现代化创新成果一等奖，但其仍在实践完善之中，并不断强化价值创造逻辑与方法在组织系统建设中的运用，着力提升发现价值、制造价值和整合创造价值能力，通过产品力、营销力和品牌力建设来应对因技术进步和市场结构变化对人货场的再定义和重组。本成果的出版，旨在让马应龙各级员工、合作伙伴、广大消费者和投资者更加深入了解拥有400多年历史的马应龙的经营理念与运行机制，也借此与社会各界共同研究探求在新时期如何实现企业可持续发展，衷心希望大家提出宝贵建议和意见。

最后，感谢1995年以来马应龙的经营团队包括高管团队和相关职能部门负责人，他们为三维三力价值创造系统的形成和实践作出了重要贡献；夏有章、马倩、刘俊舟、陈奔、彭玲、李晗等人参与了《方针管理模式》资料的收集与整理、文字编撰以及文字校对等工作，在此一并表示感谢。

龙马精神

以真修心、以勤修为
稳健经营、协调发展
资源增殖

为顾客创造健康
为股东创造财富
为员工创造机会
为社会创造效益